FOOD TRUCKS. Delights on wheels

Editor, concept, and project director
Anna Minguet

Art director
Eva Minguet (Monsa Publications)
Project's selection and layout
Patricia Martínez (Monsa Publications)
Cover design
Eva Minguet (Monsa Publications)
Introduction and text edition
Monsa Publications

INSTITUTO MONSA DE EDICIONES
Gravina 43 (08930)
Sant Adrià de Besòs
Barcelona (Spain)
Tlf. +34 93 381 00 50
www.monsa.com
monsa@monsa.com

Visit our official online store!
www.monsashop.com

Follow us on facebook!
facebook.com/monsashop

Cover image by The Vurger
Back cover images by Corazón de Agave

ISBN: 978-84-16500-44-4
D.L. B 3885-2017
Printed by Cachimán

Food Trucks

Delights on Wheels

en route

monsa

Index

Intro

Food Trucks. A unique gastronomic experience

Food Trucks are something of an institution in American culture, and have been around for more than a century. It is said that they originated on the Texas plains, just after the Civil War, when food was in short supply and a rancher named Charles Goodnight had the inspired idea of modifying a wagon, adding a mobile kitchen and barbecue for grilling and selling the excess meat that accumulated on the cattle drives between Texas and New Mexico to hungry cowboys.
And so the Chuckwagon was born, the first food truck, starting a phenomenon which has since become a symbol of urban culture in the USA. These days there is a huge range of gastronomic treats available, dished up out of an incredible variety of vehicles – from caravans, station wagons and vans to trucks, buses... all decorated in their own distinctive and charismatic style.

Each Food Truck can offer not just something to eat, but a complete gastronomic experience, 18 exclusive recipes full of creativity and good taste, an essential part of what these fabulous pop-up kitchens on wheels provide for their customers. Image and originality have become as important to the product as the food itself.

Food Trucks. Toda una experiencia gastronómica

Las Food Trucks son una institución en la cultura americana, con más de un siglo de historia. Dicen que nacieron en las llanuras de Texas, justo después de la Guerra de Secesión, donde la escasez de alimentos era muy importante, el ranchero Charles Goodnight tuvo una genial idea, cuando modificó una caravana añadiéndole una cocina móvil y una parrilla de carbón para así poder cocinar y vender los excedentes de ternera que se acumulaban durante los trayectos ganaderos que los vaqueros recorrían desde Texas hasta Nuevo México.
Y así nació la Chuckwagon, la primera Food Truck, que dio inicio a un fenómeno que, con el tiempo, ha acabado convirtiéndose en un símbolo de la cultura urbana de Norteamérica. Las hay con todo tipo de deliciosas y originales propuestas gastronómicas, así como en una increíble variedad de vehículos, caravanas, camionetas, camiones, furgonetas, autobuses... y siempre con una cuidadísima estética.

Cada Food Truck ofrece una verdadera experiencia gastronómica, un total de 18 recetas exclusivas, llenas de creatividad y buen gusto. Estímulos íntimamente ligados a todo aquello que desprenden estas maravillosas pop-up kitchens sobre ruedas. El carisma, la imagen y la puesta en escena, son tan importantes como la propia comida.

How to set up your own Food Truck

If you have a serious passion for cooking and an irrepressible desire to live off the proceeds of an oven then you are well suited for the business. Opening a restaurant may be the next step, but the initial costs can be beyond your means. A food truck, on the other hand, presents a viable option; for as little as 15,000 Euros you can purchase a converted 70's caravan, fully equipped with a kitchen, and serve hot food at any number of locations.

FIRST STEPS:

1. Decide what to cook. It is essential to define what type of cuisine you aim to serve, choosing a style that you are comfortable with. "There are as many different types of food trucks as there are culinary personalities", according to Aitor Apraiz. The choice of vehicle will then depend on the product supplied.

2. Study the market and make sure your idea can be a success. A good way of assessing the market is to hire a food truck for a weekend and set up for a trial run at a fair or gastronomic event. You will need to obtain a food handling license as well as the corresponding municipal permit to sell at the location. "There are an infinite number of ways of capitalizing on your vehicle and brand; not just public events, but also weddings, music festivals, private parties and even desert islands. One just needs to be creative".

3. Calculate the investment, costs and possible revenue. There are three main types of vehicle: caravans (the cheapest option), vintage 50's, 60s and 70's food trucks, and more modern vans. "The Citroën HY is the biggest seller and is available in sizes from 2.4m to 3.2m in length. The best idea is to speak with a food truck owner and ask them about typical costs and takings. Otherwise, Aitor Apraiz suggests going to an event and keeping an eye on one of the stalls to get a rough idea of how many units they sell in the course of the day.

4. Design a brand, with a website and social network profile. This is one of the main differences compared with the traditional travelling food stall business. You will need to create a unique brand with your own logo. Being a foodie is becoming increasingly fashionable and people love to upload and share photos of delicious dishes. Innovation is now all the rage in the food sector and visual consumption is often as important as taste. "The website needs careful attention both to promote a growing number of followers and ensure that they know where you are going to be next", stresses José Miguel García.

Como montar tu Food Truck

Si eres un apasionado de la cocina, tienes buena disposición para ello y unas ganas irrefrenables de vivir de los fogones, montar un restaurante sería el siguiente paso, pero hacer frente a los gastos no siempre es posible. La versión Food Truck es más asequible. Desde 15.000 euros se puede conseguir una caravana de los años setenta lista para cocinar en su interior y servir platos calientes en diferentes puntos del mapa.

PASOS A SEGUIR:

1. Decidir qué cocinar. Es importante definir la oferta gastronómica que se quiere servir, aquella con la que se sienta cómodo. "Hay tantos tipos de Food Trucks como personalidades culinarias. Solo hay que encontrar un registro", asegura Aitor Apraiz. En función de los productos que se sirvan, se escogerá un tipo de vehículo.

2. Estudiar el mercado y comprobar que la idea puede triunfar. Hay que hacer un estudio de mercado, y una buena fórmula es alquilar un Food Truck un fin de semana y participar en algún mercado o evento gastronómico. Para ello es necesario disponer del carnet de manipulador de alimentos y del permiso municipal pertinente para poder vender en algún recinto."Las maneras de rentabilizar el vehículo y la marca son infinitas. Los eventos son solo una parte del negocio, están las bodas, los festivales de música, los locales privados y hasta las islas desiertas. Hay que ser creativo".

3. Calcular la inversión, los costes y los posibles ingresos. Hay tres tipos de vehículos: las caravanas (el modelo más económico), las camionetas *vintage* de los 50 y los 70 y las furgonetas más modernas. "La Citroën HY es la más vendida. Se puede encontrar con un largo de 2,4 metros hasta 3,2. Puedes contactar con un propietario de un Food Truck y preguntarle sobre los costes e ingresos, sería lo idóneo. Si no se consigue, Aitor Apraiz aconseja acudir a algún evento, observar durante todo un día la actividad de uno de los puestos y hacer un cálculo aproximado de cuántas unidades se han vendido.

4. Diseñar una marca, una web y un perfil en redes sociales. Esta es una de las principales diferencias con los tradicionales puestos ambulantes. Hay que crear una marca con un logotipo. "Ahora está muy de moda ser *foody* (amante de la gastronomía) y a la gente le encanta subir a las redes fotos de platos deliciosos y compartirlas. Este sector se basa en la innovación y muchas veces entra por los ojos. Hay que trabajar muy bien la web y conseguir que crezca el número de seguidores en la redes, y que siempre sepan dónde vas a estar", detalla José Miguel García.

The Vurger

100% vegan cuisine

www.thevurger.com
facebook.com/TheVurgerCompany
www.instagram.com/thevurger
twitter.com/thevurger

1960's Astral caravan

Marian Cervera and Luis Notario are the owners of this incredible Food Truck. They come from very different professional backgrounds, Marian was previously a Graphic Designer and Luis worked in IT, but four years ago they shared the idea of setting up a vegan food business.
Their caravan is originally a British vehicle, and has been on the road for more than fifty years. It went through a spell as a waffle truck in Salamanca and Luis' family subsequently used it for twelve years to sell Mexican food. The Food Truck currently resides at the Star drive-in cinema in Valencia, as the age of the vehicle makes it difficult to move, with a risk of damaging the wooden bodywork. Their aim is to surprise customers with their range of traditional dishes and flavours, such as burgers, skewers and hot dogs as well as salads, cakes and deserts, but all prepared using 100% vegan ingredients in keeping with their philosophy. Their bacon, for example is made using soya and rice protein, and is low fat and cholesterol free, while the cheese is made from healthy non-hydrogenated coconut oil. Their aim is to provide quality and flavour with every dish.

Marian Cervera y Luis Notario son los dueños de esta increíble Food Truck. Vienen de disciplinas muy distintas, Marian del Diseño Gráfico y Luis de la Informática, pero hace cuatro años tuvieron la idea de comenzar un proyecto de comida vegana.
La caravana donde trabajan es de origen inglés y tiene más de cincuenta años sobre sus ruedas. Anteriormente había sido una gofrería en Salamanca y más tarde la familia de Luis la había empleado para vender, durante doce años, comida mexicana en su negocio. La Food Truck está situada dentro del Autocine Star de Valencia, es complicado poder moverla, ya que al ser un modelo antiguo puede sufrir daños en la madera.
Con su trabajo intentan asombrar, utilizan productos 100% vegetales pero emulando sabores y formatos tradicionales como son las hamburguesas, las brochetas, hot dogs, ensaladas, tartas y postres diversos. Dentro del veganismo sí aceptan los productos que imitan a los de origen animal, ya que no los descartan por su sabor, sino por ética. Por ejemplo el bacon vegano está elaborado con proteína de soja y de arroz, sin grasas ni colesterol. El queso que utilizan es de aceite de coco no hidrogenado, sin grasas perjudiciales. Siempre están buscando el sabor y la calidad en todo lo que ofrecen.

Pages 10, 12-13: photos by Norwud.

HEINZ
TOMATO
KETCHUP

The Varger
OPEN

The Vurger®
100% VEGAN

ORIGINAL
SABOR GRILL
ALOHA
GENUINA
CRUJIENTE
mushroom
DELUXE
VEGAN FISH
Surfer
VURGER
DOUBLE
VURGER

ORIGINAL
Vurger de proteína de soja, sabor grill, con lechuga, tomate, bacon y queso vegetal, cebolla caramelizada y suave salsa veganesa.

ALOHA
Vurger de soja sabor tipo 'pollo' con crujiente rebozado. Con lechuga, tomate, queso vegetal y veganesa con toque de mostaza dulce.

MUSHROOM
Elaborada con setas variadas y soja. Con queso vegetal, lechuga, tomate, brotes de alfalfa y salsa veganesa.
Opción sin gluten, con pan sin gluten.

SURFER
Crujiente y con suave sabor a mar gracias al alga nori, con lechuga rizada, tomate fresco, queso vegano y deliciosa salsa tártara casera.

DOUBLE
Doble Vurger con queso vegano derretido acompañado de tomate y lechuga, envuelto en clásico pan tostado untado con veganesa.

100% VEGETAL
HOT DOG

HOT DOG
Tierno Hot Dog 100% vegetal, con bacon vegano y cebolla caramelizada.

COMBO BROCHETAS

COMBO BROCHETAS
Dos brochetas de deliciosa yuba (carne vegetal de soja tipo 'pollo)', servidas con patatas fritas y dos sabrosas salsas para acompañar.

Patatas FRITAS

PATATAS FRITAS
Patatas fritas tradicionales y recién hechas.

Patatas DULCES

PATATAS DULCES
Boniato dulce frito. Crujientes y tiernas por dentro. ¡Te van a sorprender!

PUEDES AÑADIR EXTRA ESTAS SALSAS (precio unidad):
Barbacoa / Chimichurri / Brava / Tártara / César

ENSALADA STAR

ENSALADA STAR
Frescas hojas de lechuga, tomates cherry, aguacate, mango y brotes. Aliñado con una suave vinagreta agridulce.

ENSALADA CÉSAR

ENSALADA CÉSAR
La famosa César pero vegetal. Lechuga, picatostes, carne de yuba y parmesano vegetal. Aderezada con salsa César casera.

BEBIDAS

BEBIDAS
Cerveza Mahou / Radler / Turia
Refrescos Coca Cola / Zero / Fanta
Whole Earth Ecológica Cola o Limón
Agua 500 ml.

TARTAS
VARIADAS

TARTAS
100% vegetales y de elaboración artesana. Sacher, Zanahoria, Selva Negra...

BROWNIE
DE CHOCOLATE

BROWNIE
Casero y con gran sabor a chocolate. Opción con helado de vainilla vegano.
Contiene nueces. El chocolate puede contener trazas de leche.

www.thevurger.com

The Vurger

SURF SHACK
BEACH

ORIGINAL
SABOR GRILL
ORIGINAL
Vurger de proteína de soja y delicioso sabor grill, acompañada de lechuga rizada, tomate, bacon y queso vegetal, cebolla caramelizada y salsa veganesa entre nuestro pan artesano.
Sorprendentemente sabrosa
The Vurger
100% VEGAN

mushroom
DELUXE
MUSHROOM DELUXE
Jugosa Vurger de soja, setas variadas y shiitake, con veganesa, lechuga rizada, tomate, queso vegetal y crujientes brotes, entre nuestro pan artesano.
Única, artesana y especial
The Vurger
100% VEGAN

GENUINA
ALOHA
CRUJIENTE
ALOHA
Deliciosa carne vegetal de soja con crujiente rebozado. Acompañada de lechuga, tomate, queso vegano, con suave veganesa a la mostaza dulce entre nuestro pan artesano.
Crujiente y de sabor suave
The Vurger
100% VEGAN

The Vurger

CARAVAN
The Vurger®
100% VEGAN
The Vurger®
Carrera del Riu, 407
46012 Valencia
626 355 997
info@thevurger.com
thevurger.com

TARTA
CEREZAS
3€ NATA
The Vurger

The Vurger

Recipe

Vegan cheesecake with cranberries

Base:
1 packet vegan biscuit
3 tbsp of vegetable margarine
Filling:
300 g raw cashews soaked in water for 8 hours
3 tbsp coconut oil
1/2 cup of agave syrup
1 tsp vanilla essence
Juice of one lemon
Topping:
200 g cranberries, fresh or frozen
1/2 cup of sugar or natural sweetener equivalent
1tsp lemon juice

Method:
Grind the biscuits, adding the margarine, and use to cover the base of a cake dish.
Blend the cashews in a food processor to make a smooth cream.
Add the rest of the filling ingredients and beat well.
Pour over the biscuit base and leave in the fridge to cool.
Prepare the topping, heating the cranberries together with the sugar to make a swift jam mixture.
Decorate the cake with the cranberry jam and place in the fridge again to cool.

Tarta de queso vegana con arándanos

Base:
1 paquete de galletas veganas
3 cucharadas de margarina vegetal
Relleno:
300 gr. de anacardos crudos previamente remojados en agua 8 horas
3 cucharadas de aceite de coco
1/2 taza de sirope de ágave
1 cucharadita esencia de vainilla
Zumo de un limón
Cobertura:
200 gr. de arándanos naturales o congelados
1/2 taza de azúcar o equivalente edulzante natural
1 cucharadita de zumo de limón

Elaboración:
Triturar las galletas y mezclar con la margarina hasta hacer una masa con la que forrar la base de un molde para tartas desmoldable.
Para el relleno triturar en una procesadora los anacardos hasta que sea una crema fina. Añadir el resto de ingredientes del relleno y batir bien.
Verter sobre el fondo de galleta. Y dejar enfriar en el frigorífico.
Preparar la cobertura de arándanos calentando los arándanos junto con el azúcar e ir moviendo hasta hacer una mermelada rápida.
Decorar la tarta con la mermelada y enfriar de nuevo.

Gela't

handmade ice creams

www.gelat-barcelona.com
facebook.com/gelatsobrerodes
www.instagram.com/gelatsobrerodes
twitter.com/gelatbarcelona

Fahrzeugbau Flensburg

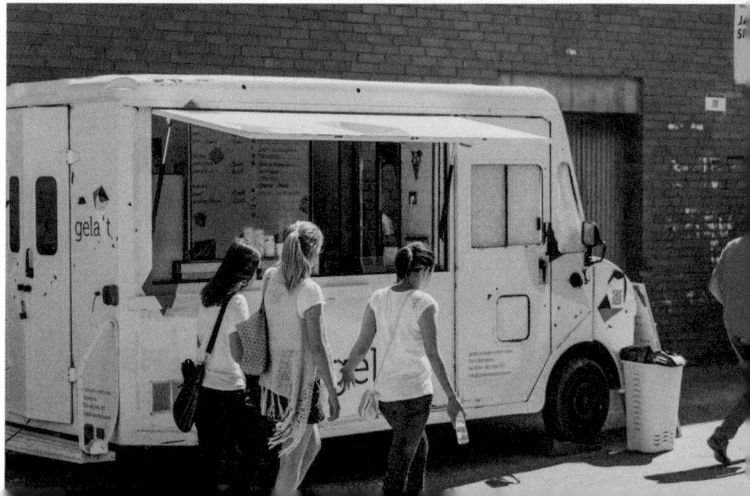

gela't

Raul Miñarro trained at the Barcelona Patisserie School, and after working at various patisseries and restaurants as a pastry chef, he realized that his favourite recipes involved chocolate and ice cream. His partner, Christine Harwart, has taken charge of the creative design side of the business and encouraged Raul throughout the difficult times.

They founded Gela't in 2012, after debating the best options for mounting a business based on their passion for cooking.

As soon as the idea for an "ice cream van" came to them, they knew it could be a success and the story began to take shape. Back then the Food Truck boom was yet to take off. Initially the regulations on street vending seemed a little daunting, but they were determined to make it work. They knew they were doing nothing new, but still wished to revive the tradition of the classic ice cream van. Their ice creams were freshly made using local and seasonal ingredients and fresh milk and cream giving them their natural flavour. They offer all the classic flavours as well as some popular updates such as Cheesecake, Tiramisu, Cookies, Mojitos...as well as few new varieties for the more daring involving ingredients such as beetroot and vinegar for marinating the red berries they use.

Raul Miñarro se ha formado en la Escuela de Pastelería de Barcelona, y después de trabajar en diferentes pastelerías y restaurantes como pastelero, tenía claro que dentro del mundo de la repostería, lo que más le gustaba hacer (y comer) eran los helados y el chocolate. Su pareja, Christine Harwart, era la encargada de la parte creativa, del diseño, además de animar a Raul a seguir adelante en los momentos más difíciles.

Su historia común con Gela't empezó en el 2012, después de darle muchas vueltas sobre cuál sería la mejor opción para montar un negocio propio relacionado con la gastronomía, una de sus pasiones.

Cuando dijeron "furgoneta de los helados" enseguida supieron que esto podría funcionar, y empezaba una bonita historia. En aquél entonces no había el "boom" de los Food Trucks y el Street Food que actualmente existe. Toda la información que tenían sobre la normativa de venta ambulante no era muy esperanzadora, pero tenían claro lo que querían hacer. Sabían que no inventaban nada, pero también les gustaba mirar al pasado y recuperar el oficio del heladero ambulante. Sus helados están elaborados dando mucha importancia a la materia prima, utilizando productos de temporada y proximidad. Los helados de crema son elaborados con leche y nata frescas, lo cual les da un sabor más natural. La mayoría de sus sabores son clásicos, pero también tienen los universales, como el Cheesecake, Tiramisú, Cookies, Mojito... y para los más atrevidos juegan con sabores como la remolacha o el vinagre donde maceran los frutos rojos.

Page 20 top: photo by Zac photographer. Bottom: photo by Silvia Saumell
Pages 22-23: photos by Oriol Mata Aguilar
Pages 24-25: photos by Zac photographer (www.fb.com/zacvanlab)

Carrer del
Rec
gela't
gelats artesans sobre rodes
Piera, Barcelona
tel. 0034 - 661 446 392
info@gelat-barcelona.com
www.gelat-barcelona.com

gela't
gelats artesans sobre rodes

Cornets

mini

petit

gran (2 sabors)

Tarrines

petita (2 sabors)

gran (2 sabors)

Els nostres sabors

vainilla

xocolata negre

maduixa

llimona

crema catalana

llet merengada

iogurt

stracciatella

Sabors especials

gela

Recipe

Mandarin sorbet

Ingredients: 500 g of sugar syrup, 450 cl mandarin juice, 25 cl water, 25 g sugar

Sugar syrup formula base: 242 cl water, 157 g of dextrose, 47 g sucrose, 4 g stabilizer, 50 cl lemon juice

Preparation of the sugar syrup base:
Mix the water and dextrose in a pan and warm to 40 °C, add the common sugar (sucrose) previously mixed with the stabilizer, and heat the mixture to 85 °C. Once cooled add the lemon juice.

This syrup base can be used for a whole range of fruit sorbets, simply adjusting the quantities of fruit pulp or juice and sugar depending on the required sweetness.

Final sorbet mix:
Weigh out all the ingredients and add together using a blender. Put mix in the freezer to solidify by incorporating cold air.

Sorbete de Mandarina

Ingredientes: 500 gr. de almíbar base, 450 gr. de zumo de mandarina, 25 gr. de agua, 25 gr. de azúcar

Fórmula almíbar base: 242 gr. de agua, 157 gr. de dextrosa, 47 gr. de sacarosa, 4 gr. de neutro, 50 gr. de zumo de limón

Elaboración del almíbar base:
Mezclamos en un cazo el agua y la dextrosa, y lo calentamos a 40 °C, añadimos el azúcar común (sacarosa) que previamente hemos mezclado con el neutro. Y calentamos el conjunto hasta 85 °C. Cuando se enfríe añadimos el zumo de limón.

Este almíbar base nos servirá para la elaboración de distintos sorbetes de fruta, sólo tendremos que ajustar la cantidad de pulpa o zumo de fruta y el azúcar, en relación al dulzor de la misma.

Elaboración "mix" final del sorbete:
Pesamos todos los ingredientes y con la ayuda de un triturador los mezclamos todos. Ponemos el "mix" en la heladera, que será la encargada de transformar la mezcla líquida en sólida mediante la incorporación de frío y aire.

Kaixito

sandwiches gourmet

www.kaixitostreetfood.com
facebook.com/Kaixito-Street-Food
www.instagram.com/kaixitostreet
twitter.com/Kaixitostreet

1980's Kip caravan

kaixito

☞ *A gastronomic journey, using local ingredients*

Elodie González and Xavi Gallego first met as professional chefs. After working in Michelin starred restaurants in Barcelona and San Sebastián, they decided together to establish Kaixito.
Kaixito is their gastronomic enterprise which operates from a small 80's Kip caravan which they modified themselves and use to take their cuisine out onto the streets.
Both are passionate about food and cooking. They select and use only the finest ingredients and all of their gastronomic creations have been carefully thought out and tested several times before serving to the public. Their aim is to provide their customers with dishes that they themselves would enjoy eating, and to make them feel that every effort is being made to ensure a special culinary experience.
The menu is based around gourmet sandwiches. As with all their products, they only use the best quality bread. They work with local produce combined with other flavours that they have discovered over the course of their careers and travels to create delicious and perfectly balanced results.
They also cater for private events. As every occasion is different, they always consult with their clients in advance, adjusting their menu according to tastes and can provide a wide range of canapés and snacks.

Elodie González y Xavi Gallego se conocieron cocinando, y después de trabajar en restaurantes de estrella Michelin de Barcelona y San Sebastián, decidieron crear Kaixito.
Kaixito es su proyecto gastronómico en una pequeña caravana Kip de los años 80 reformada por ellos mismos. Su mejor plataforma para llevar su cocina a pie de calle.
Cocinar y comer les apasiona. Buscan y trabajan con productos de primera calidad, y cada propuesta gastronómica que sirven ha sido antes pensada y probada varias veces. Trabajan para que cada comensal disfrute comiendo lo mismo que a ellos les gustaría disfrutar como clientes, para que sientan que se trata de un lugar especial, y poder ofrecer lo mejor de ellos mismos.
Su oferta se basa en sandwiches gourmet. Disponen de un pan de altísima calidad, así como todos sus productos. Trabajan con ingredientes de proximidad y productos que han ido descubriendo a lo largo de su carrera profesional y viajes gastronómicos, combinándolos para que encajen de una forma lógica, exquisita y única.
También se dedican a eventos privados. Cada evento es único, por eso después de hablar con los clientes, adaptan su propuesta en función de sus gustos, e incluyendo además una serie de *snacks*.

Kaixito

TREMENDO PIG
kaixito
street food
TASTE OUR GOURMET SANDWICHES

kaixito
street food

The Sandwich
TREMENDO PIG
Lomo estilo kaixito
Mayocurry
Cebolla Caramelizada
Rucúla
5€
kaixito
The Sandwich
KAIÇOT
Pan tostado con
Aceite de Brasa
Calçot Asado
con Valls
Rodajas de Butifarra
Salsa Romesco
6€
kaixito
The Sandwich
KIPPIE
Mozzarella
Tomate Seco
Salsa de Hierbas Frescas
Lechuga Romana
Pipas Peladas
5€
kaixito

4,5€
RED TXIKEN
5€

The Sandwich
BERDELA

Caballa Marinada
En Aceite de Romero
Mayonesa de Olivas
Cebolla Dulce
Acelga Roja

6€

kaixito

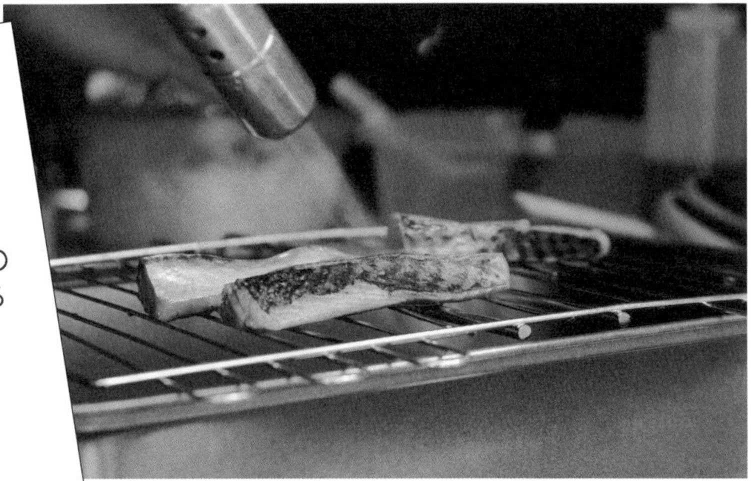

The Sandwich
TUNA SPRING

Atún con Pil-Pil
Ajo Confitado
Aceite de Perejil
Espinacas Baby
Pimiento del Piquillo

6€

kaixito

The Sandwich
KAIÇOT
Pan tostado con
Aceite de Brasa
Calçot Asado
con Valls
Rodajas de Butifarra
Salsa Romesco
6€
kaixito

The Sandwich
RED TXIKEN
Pollo Asado
Piperrada Picante
con Jengibre
Cebolla Encurtida
Cilantro
5€
kaixito

The Sandwich
TREMENDO
revolution
Pan de Viena
Lomo estilo kaixito
con pimentón de la Vera
Tomate Confitado
Mayonesa de Ajo asado
Brotes Frescos
6€
kaixito

Kaixito

Recipe

Tremendo Pig

Serves 2
For the Kaixito pork loin: 1 pork loin, mixed herbs, 2 cloves of garlic, rosemary oil
Caramelized onion: 4 large Figueres onions, oil, salt.
Curry mayonnaise: 300ml mild olive oil, 20g curry powder, 1 egg, salt
Other ingredients: Rucula, round Vienna Loaf bread

Kaixito pork loin:
Baste the loin with oil and herbs and work in the crushed garlic cloves. Cover and leave in the fridge to marinate for up to 24 hours. Place in an oven dish and cover with tin foil. Cook on a low heat until the centre of the meat reaches 60 °C. Allow to cool, and then cut into wafer thin slices using a machine.
Caramelized onion:
Peel and cut the onion into julienne strips. Poach with a little oil and salt over a low heat for 4 hours until all the liquid is evaporated and the onion obtains a rich golden colour.
Curry mayonnaise:
Add the curry powder to the oil and heat to 80 °C and then leave to infuse overnight. Make a classic mayonnaise using egg, salt and the curry flavoured oil.
Presentation:
Cut open the bread and toast. Spread curry mayonnaise on the bottom side of the bread. Place 7 slices of pork loin, at room temperature, over a bed of rucula, to give body to the sandwich. Add the warm caramelized onion on top of the meat. Close the sandwich with the top half of the bread.

Tremendo Pig

Para 2 personas
Para el lomo Kaixito: 1 lomo de cerdo, hierbas secas, 2 dientes de ajo, aceite de romero
Cebolla caramelizada: 4 cebollas de Figueres grandes, aceite, sal
Mayocurry: 300 ml de aceite de oliva suave, 20 gr de curry, 1 huevo, sal
Otros ingredientes: Rúcula, pan de viena redondo

Lomo Kaixito:
Embadurnar con aceite el lomo y añadir las hierbas secas. Apretar los ajos machacados con el lomo. Dejar en nevera tapado durante 24 h. Poner el lomo en una bandeja para horno. Tapar toda la bandeja con papel de aluminio. Cocer en el horno a temperatura suave hasta que la temperatura central del lomo sea 60 °C. Enfriar y cortar en la maquina corta-fiambres laminas de 1 mm de grosor.
Cebolla caramelizada:
Pelar y cortar las cebollas en juliana fina. Poner a cocer en aceite y un poco de sal, para que sude la cebolla. Dejar cocer durante 4 horas hasta que tenga un color dorado.
Mayocurry:
Juntar el aceite con el curry y calentar hasta 80 °C y dejar infusionando toda la noche. Hacer una mayonesa clásica con el huevo, la sal y el aceite infusionado.
Emplatado:
Tostar el pan cortado por la mitad. Poner mayocurry en toda la base del pan. Colocar 7 láminas de lomo, previamente atemperado, sobre una cama fina de rúcula, dando volumen al bocadillo. Poner la cebolla caramelizada caliente repartida por encima de la carne. Cerrar el bocadillo con la tapa.

Corazón de Agave

mexican specialties

www.corazondeagave.es
facebook.com/corazondeagave15
www.instagram.com/corazondeagave
twitter.com/corazondeagave

1960's Caravans ACC Arverne mod. 340 GT and 400 GT

CORAZÓN DE AGAVE
GASTRONOMÍA MEXICANA

☞ *Corazón de Agave is a little corner of Mexico on wheels*

It all began with Blanca's dream of bringing the aromas, flavours and artistry of her beloved Mexico back to her birthplace. She loved the idea of a Food Truck because it would allow her the freedom to bring the taste of Mexico to locations all around Spain and reach as many people as possible. In addition Street Food has always been an essential and very visual part of Mexican culture. The colour of the caravan is an example of this; it is based on a handmade pewter mug from the Mexican town of San Miguel de Allende.
Starting up and developing the business has involved hard work, but has made Blanca very happy. All the effort has been rewarded when Mexican customers have thanked her for her *Cochinita Pibil* tacos, which have "transported them back home to Mexico".
The business began with one caravan, which soon became two, and they now have a permanent establishment in the "Coolinary Market" in El Garraf, Barcelona. The team, originally just the family, has now grown considerably. Mexican cuisine offers a vast range of possibilities and she has been able to rescue a number of recipes from her roots to add to her famous *Cochinita Pibil*, including *Ceviches* ("for raising the dead"), *burritos* and *nopalitos*. They hand make their own tortillas using non-transgenic organic corn directly imported from the Sierra Tarahumara region in the North of Mexico, cultivated by the local native people.

Todo empezó como un sueño, una ilusión. Una expresión del gran amor de Blanca hacia su querido México. Nació la idea de un proyecto para transportar los olores, los sabores y el arte de su tierra natal. El concepto de Food Truck le encantó porque le permite transportar los sabores de México a diferentes lugares de España y llegar a la máxima gente posible. Además, el Street Food, que se ha hecho ahora tan popular en las calles, es algo que siempre ha formado parte de la cultura mexicana. Un ejemplo es el color de la caravana; está sacado de una tacita de peltre de los artesanos de San Miguel de Allende.
Abrirse paso ha supuesto muchísimo trabajo para Blanca, pero lo ha hecho muy feliz, porque le ha dado momentos que han hecho valer la pena al cien por cien: cuando sus clientes mexicanos le dan las gracias porque sus tacos de Cochinita Pibil los ha "transportado a México".
Empezaron con una caravana, que pronto se convirtió en dos, y actualmente cuentan con un establecimiento dentro del mercado gastronómico "Coolinary Market" ubicado en el Garraf, Barcelona. Su equipo, que al principio eran solo la familia, ha ido creciendo también. La gastronomía mexicana es tan amplia, que le permite rescatar recetas desde su raíces: Ceviches ("levantamuertos"), burritos, nopalitos, a su más famosa Cochinita Pibil. Producen sus propias tortillas hechas a mano con maíz orgánico no transgénico importado directamente de la Sierra Tarahumara en el norte de México, donde lo cultivan los indígenas locales.

Corazón de Agave

GASTRONOMÍA MEXICANA
8016 FPG

Corazón de Agave

CORAZÓN DE AGAVE

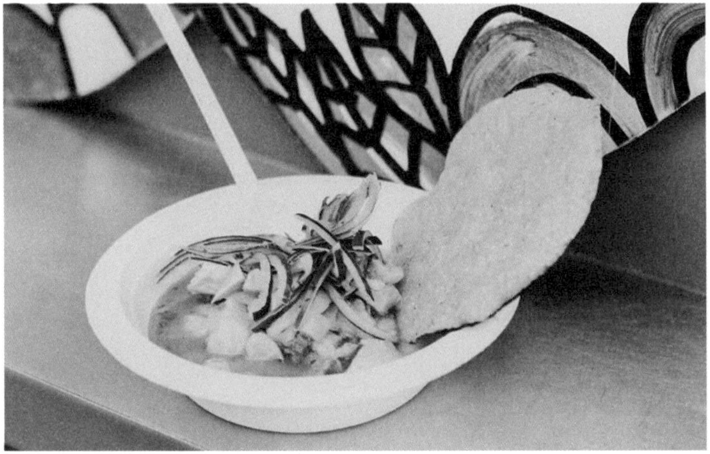

Corazón de Agave

Recipe

Cochinita Pibil Tacos

1kg of Duroc pork
2 oranges
1 lime
garlic
onion
cumin
oregano
salt
pepper
banana leaves
annatto and coriander

Method:
Liquidize the annatto, orange and lime juice, together with the spices to form a paste and marinate the meat for 4-6 hours.
Place the meat on an oven tray, cover with banana leaves and slow cook for 8 hours.
Meanwhile finely chop red onion and marinate with lime juice, oregano and salt for a couple of hours.

Presentation:
Heat the corn tortillas in the *comal* (frying pan) on both sides, add the coarsely chopped pork and garnish with the marinated red onion, chopped coriander and hot sauce to taste.

Tacos de Cochinita Pibil

1 kg de carne de cerdo Duroc
2 naranjas
1 lima
ajo
cebolla
comino
orégano
sal
pimienta
hojas de plátano
achiote y cilantro

Elaboración:
Se licúan el achiote, el zumo de naranja, el zumo de lima y las especias en la licuadora para formar una pasta con la que se va a marinar la carne por unas 4-6 horas.
Una vez marinada la carne se coloca en una bandeja para el horno y se cubre con hojas de plátano y se cocinan en el horno a temperatura baja durante 8 horas.
Aparte cortamos la cebolla morada en juliana y la maceramos con zumo de lima, orégano y sal, y la dejamos marinar un par de horas.

Emplatado:
Calentamos las tortillas de maíz en el *comal* (sartén) por los dos lados, ponemos la carne de cerdo, previamente desmechada a mano y decoramos con la cebolla morada marinada, cilantro picado y salsa picante al gusto.

Indígenas Street Food

brazilian tapioca

facebook.com/pg/Indigenas121013
www.instagram.com/indigenas_streetfood
twitter.com/indigenasbcn

1970's Caravan TUSET

INDÍGENAS

STREET FOOD

The Indígenas Food Truck is the result of a great love; the love between two people, the love for the cultures of their birthplaces and a passion for food "made with love". Ricardo is Brazilian and Bea from Asturias. They first met in Barcelona and in 2012 decided to move to Brazil to live. During their time there Ricardo's family taught them to make authentic Brazilian tapiocas, prepared using fillings and ingredients generally unknown in Europe.
After three years they returned to Barcelona to present their take on traditional tapiocas, the staple diet of the indigenous peoples of Brazil, prepared and seasoned with a Spanish twist. The first step to fulfilling their dream was the purchase of a food truck in 2015, and since then they haven't looked back.
They offer a Spanish-Brazilian fusion cuisine, which combines the traditional flavours with an awareness of healthy eating trends.
The tapioca is made from yuca flour; a gluten-free cereal which contains vitamins, iron and other nutritiously beneficial properties. They are happy to provide a gluten-free menu, which these days can be a strong selling point.
An interest in healthy eating has been fashionable for years in Brazil, although it has arrived rather later in Spain, where the cuisine has traditionally been celebrated for its "tastiness" rather than its dietary benefits. The challenge was how to combine these two concepts, using modern culinary techniques together with traditional flavours and the vibrant and colourful Brazilian cuisine.
Their signature dish is the tapioca, using fillings made with products more typical of Spanish cooking.

Indígenas es el resultado de un gran amor: amor entre dos personas, amor por las culturas de origen, y amor por la comida "hecha con amor". Ricardo es brasileño y Bea asturiana. Se conocieron y enamoraron en Barcelona y en el 2012 decidieron vivir en Brasil. Durante esos años en Brasil, la familia de Ricardo les enseñó a elaborar tapiocas; las auténticas brasileñas, con rellenos desconocidos e ingredientes inexistentes en Europa.
Después de tres años, regresaron a Barcelona para dar a conocer las tapiocas como alimento principal de los indígenas brasileños. Eso sí, sazonándolas con el carácter español. Con un mismo sueño y mucha ilusión compraron un Food Truck en el 2015 y desde entonces no han parado de rodar.
Ofrecen una gastronomía de fusión hispano-brasileña, respetando el sabor tradicional y concienciada con la alimentación saludable.
La tapioca es harina de yuca; una harina sin gluten que posee vitaminas, hierro y muchos beneficios para el organismo. Están muy contentos de ofrecer una gastronomía sin gluten porque hoy en día es un valor añadido.
En Brasil la cultura por la comida "healthy" siempre ha estado de moda, mientras que en España esta moda ha llegado más tarde. Al mismo tiempo la gastronomía española tiene fama de "sabrosa", así que ¿cómo fusionar estos dos conceptos? Combinando las nuevas técnicas culinarias con los aspectos más tradicionales de una cocina tan colorida y viva como es la brasileña.
Su plato estrella es la tapioca, con la novedad que todos sus rellenos son productos típicos de la gastronomía española.

Champions of the Bester Foodtruck 2016 in Germany.

INDÍGENAS
STREET FOOD
WE
LOVE
INDIEDAY
TAYLOR'S

INDÍGENAS
STREET FOOD

Indígenas Street Food

NDÍGENAS

Recipe

Classic Tapioca

85 g dried yuca flour
50 g Mozzarella cheese
30 g York ham
4 slices fresh tomato
oregano

Method:
Put the dried flour in a hot pan. The flour has a unique property: when heated it gives off a natural gum and the grains stick together forming a type of solid dough. Once the flour has come together to form a base (like a pancake), add a pinch of salt and the mozzarella. As soon as the cheese melts we incorporate the ham and tomato.

Tapioca Clásica

85 gr de harina de yuca hidratada
50 gr de queso Mozzarella
30 gr jamón de York
4 rodajas de tomate natural
orégano

Elaboración:
Colocar la harina hidratada en una sartén bien caliente. Esta harina tiene una propiedad natural: al calentarse desprende una goma natural y los granitos se pegan, creando una masa sólida. Cuando la harina se ha unido formando una base (una especie de tortita), se añade sal al gusto y el queso mozzarella. Esperamos que se funda un poco e incorporamos el jamón york y el tomate.

El Camión Rosa

crêppes and galettes

www.elcamionrosa.com
facebook.com/Elcamionrosa
www.instagram.com/elcamionrosa
twitter.com/elcamionrosa

Truck: Renault Master

EL CAMION ROSA
CREPES Y GALETTES BRETONAS

Of Breton origin, just like the crêpes, Kim Hervet is the founder of "El Camión Rosa" (the Pink Truck). This Food Truck offers Crêpes and Galettes made using buckwheat. Among the sweet crêpes one of the highlights is the Mascarpone with Oreo biscuits, which won her the **third prize in the Food Trucks** of Spain category at the Amstel Oro awards in 2016.

To perfect her culinary skills Kim graduated in 2013 from the French Master Crêpe-Makers School in Rennes, making her the only qualified French crêpe master chef in Spain. She has also won a number of awards in her native France. (Promotion 2013).

The concept of El Camión Rosa is based on combining traditional methods with updated ideas. The crêpes are made on a *billig* (a special machine for making authentic crêpes) and then toasted with a brioche inside which turns velvety and soft at the end. The *Crêpe de Sarraceno* (buckwheat crêpe) is toasted on all three sides making it easy to eat and deliciously crispy (just like the authentic Brittany Crêpe).

De origen Bretona, como las crêpes, Kim Hervet es la fundadora de "El Camión Rosa". Este Food Truck propone Crêpes y Galettes de trigo negro. Entre las Crêpes dulces destaca la de Mascarpone con Oreo, premiada en el Campeonato. En 2016, nuestro Food Truck ha ganado el **tercer premio del Campeonato de Food Trucks** de España en Gijón de los premios Amstel Oro.

Para perfeccionar su gastronomía, Kim se graduó en 2013 en la Escuela de Maestro Crepero de Francia, lo que hace de ella el único Maestro Crepero francés en España.

En Francia sus Crêpes están premiadas: poseen el diploma reconocido de «Maestro Crepero» en la única Escuela de Maestros Creperos de Francia. Es el único Food truck graduado (Promoción 2013).

El concepto de El Camión Rosa consiste en combinar lo tradicional y lo moderno. Hacen la Crêpe sobre un billig (máquina esencial para hacer la verdadera crêpe) y luego está tostada con una «brioche» dentro que se vuelve untuosa y fundente al final. Y la Crêpe de Sarraceno está tostada sobre los tres lados para comer de manera práctica, caliente, y crujiente (como en su Bretaña de origen).

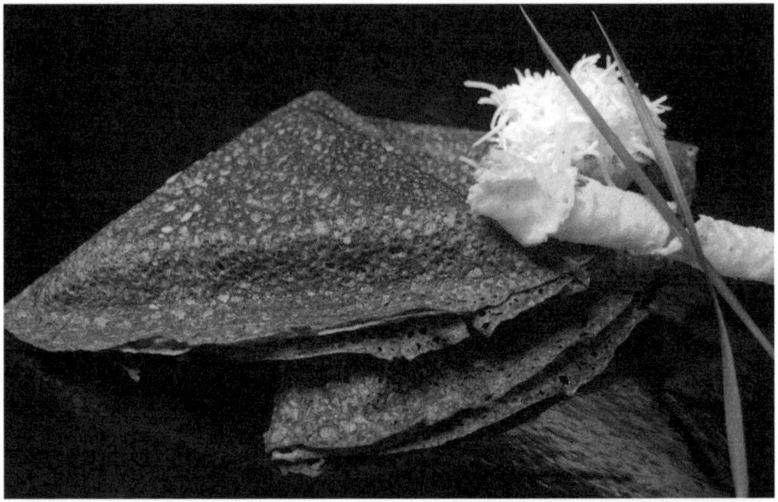

Kim at the Rennes Master Crêpe-Makers School.
Kim en la Escuela de Maestro Crepero de Rennes.

MAESTRO CREPERO
PROMO 2013
EL CAMION ROSA
CREPES Y GALETTES BRETONAS
SALADO
CREPES FRANCESAS
DULCE
SALADO Y DULCE
CREPES
BRETONAS
BRIOCHE
GALETTES
BRETONAS
TRADICIONAL
ARTESANAL
PRODUCTOS FRANCESES
SIGUENOS
#ELCAMIONROSA

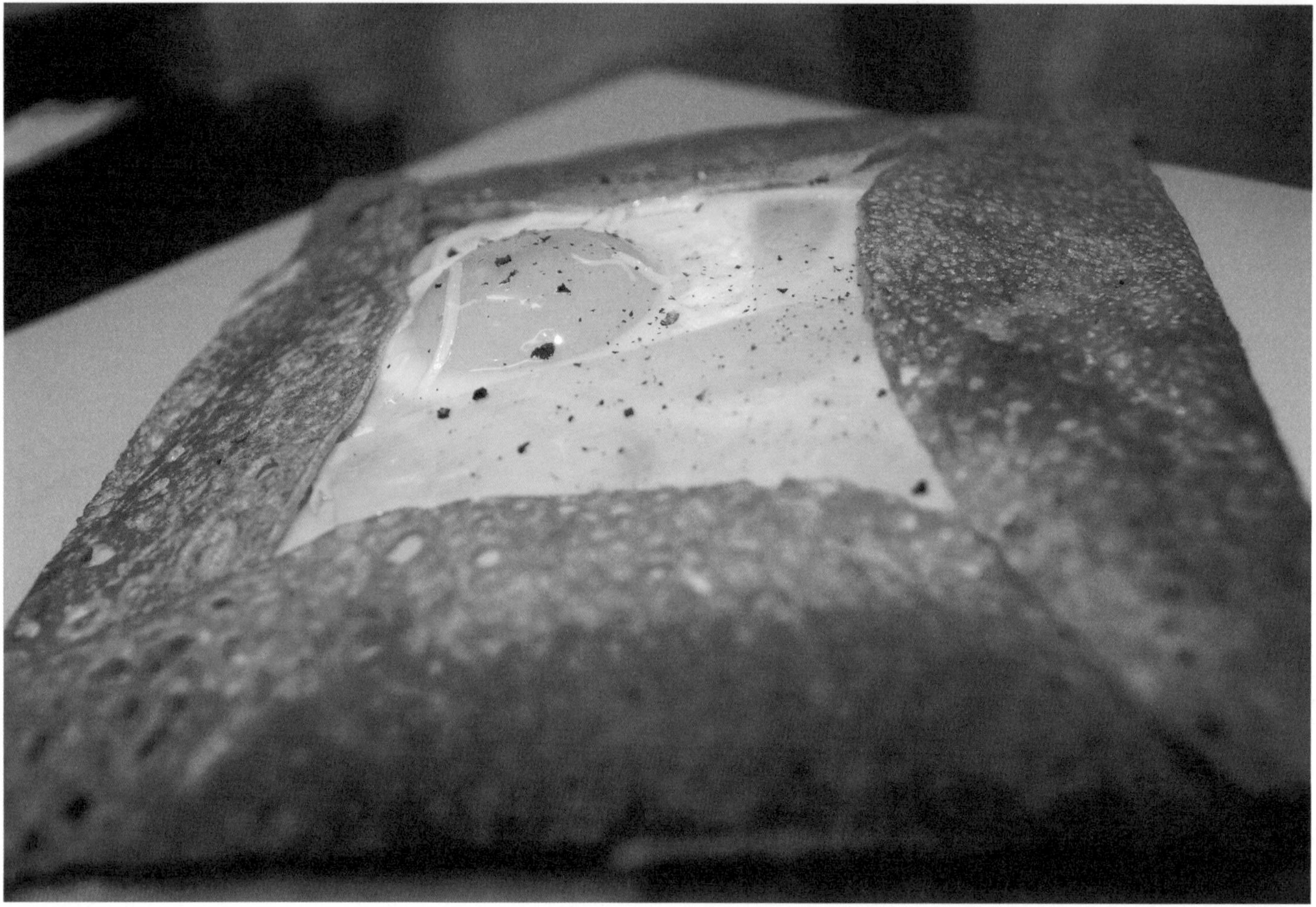

Recipe

Breton Galette (gluten-free)

This recipe is perfect for making a buckwheat galette in the frying pan. To obtain the perfect thin and crispy galette it is better to use the traditional Breton (Bilig).

250 g of buckwheat flour
10 g of salt
1 egg
5 ml of oil
500 ml of water
Salted butter

Method:

1. Mix the buckwheat flour with egg yolk. Add water to obtain a smooth mixture. (Preparation 1)
2. Beat egg white until stiff with a pinch of salt. Slowly add the oil. (Preparation 2)
3. Mix the 2 preparations.
4. Leave the mixture to rest for one hour and then add a little water to obtain a fluid mixture.
5. Add a small knob of salted butter to a hot frying pan and cook the galette (just as you would a crêpe).

Then fill the galette directly in the pan with your choice of ingredients, using cheese, chicken, cured meats, eggs, vegetables, fish, shredded beef etc. In Brittany we often eat a galette on its own with salted butter!
The most popular and classic version is served with Emmental cheese, ham and a fried egg in the middle.

Galette Bretona (sin gluten)

Esta receta es perfecta para hacer la galette de trigo negro a la sartén. Para obtener una Galette fina y crujiente, mejor utilizar una máquina Bretona (Bilig).

250 g de harina de sarraceno
10 g de sal
1 huevo
5 ml de aceite
500 ml de agua
Mantequilla salada

Elaboración:

1. Mezclar la harina de trigo negro con la yema del huevo. Añadir el agua hasta obtener una mezcla lisa. (preparación 1)
2. batir los huevos a punto de nieve con la sal. Añadir poco a poco el aceite. (preparación 2)
3. Mezclar las dos preparaciones.
4. Dejar descansar una hora mínimo la masa, y añadir un poco de agua para conseguir una masa fluida.
5. Poner un trozo de mantequilla salada sobre una sartén bien caliente, y hacer la galette (como una crêpe).

Luego, se puede rellenar directamente la galette dentro de la sartén, con quesos, pollo, charcutería, huevos, verduras, pescados, carne mechada... También, en Bretaña, a nosotros nos gusta mucho comerla solo con mantequilla salada!
La más famosa es la galette completa: Emmental, jamón york francés y un huevo en el centro.

La Pickup

specialists in "porc negre"

www.lapickup.es
www.instagram.com/LaPickupTruck
twitter.com/LaPickupTruck
Graphic design: NOMON Design

Caravan RoKa-Werk 250

☞ *Mallorcan cuisine with an oriental touch*

LA PICKUP

— CHEF ON THE ROAD —

La Pickup is the brainchild of a couple, Julián Yukihisa and Alicia Vicens. Julián is the son of a Japanese father and Alicia is from Mallorca. They specialize in recipes exclusively using pork from the Mallorcan Black Pig (*"porc negre"*), a breed related to the Iberian pig but unique to the Island of Mallorca. They offer a range of dishes, from pulled pork to Japanese ramen with pork belly.

"Porc negre" is something of a totem in Mallorca. It is the only indigenous breed of pig on the island and is reared, cared for and venerated with great fervour, thanks to the superb quality of its meat which is notably more tender than normal pork, as well as being healthier due to its lower saturated fat content. The animals are fed with figs, giving the meat a special flavour.

They love working with such a sought after local product in Mallorca, to which Julián adds his own oriental cuisine touch. Both are experienced professional chefs and they now enjoy travelling to wherever they are invited, all around the island, with their Food Truck.

La Pickup está formada por una pareja: Julián Yukihisa y Alicia Vicens. Julián de padre japonés, y Alicia es mallorquina. Están especializados en el "Porc negre" (cerdo negro) mallorquín, una raza autóctona de Mallorca pariente del cerdo ibérico, y con esta materia prima realizan multitud de recetas: desde sandwiches de pulled pork de cerdo negro a ramén japonés también con pork belly de "Porc negre".

El "Porc negre" es un tótem en Mallorca. Es la única raza porcina autóctona de la isla y es alimentado, mimado y venerado con gran fervor. La razón es su carne, mucho más tierna que la del cerdo blanco, y su manteca es más saludable por su menor contenido en grasa saturada. Se le engorda con higos, lo que le transfiere un sabor especial.

Les encanta trabajar con un producto local tan apreciado en Mallorca, al que Julián le da su toque asiático. Los dos son cocineros de profesión. Tienen experiencia en este sector y les gusta meterse con su Food Truck en todos los rincones de la isla en que los soliciten.

La Pickup

.LA PICKUP.
— FROM MALLORCA —
4,5 bar

.LA PICKUP.

La Pickup

LA PICKUP
— CHEF ON THE ROAD —

LA PICKUP
— CHEF ON THE ROAD —

— LA PICKUP —
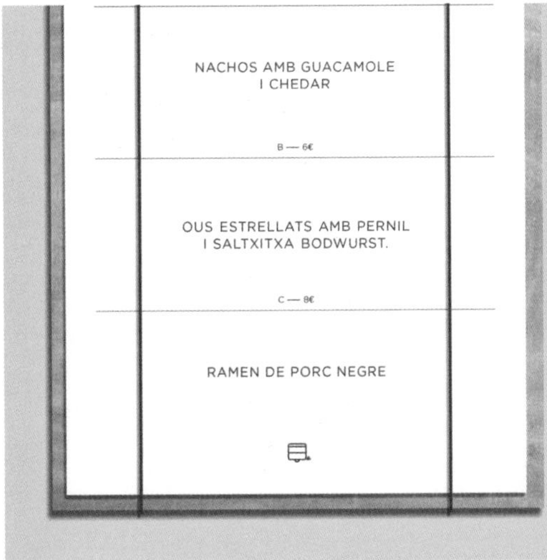
NACHOS AMB GUACAMOLE
I CHEDAR
B — 6€
OUS ESTRELLATS AMB PERNIL
I SALTXITXA BODWURST.
C — 8€
RAMEN DE PORC NEGRE

LA PICKUP
lapickup.es
971 773 689
hola@lapickup.es
606 853 184
Chef on the
FROM MALLORCA

lapickup.es
971 773 689
— LA PICKUP —
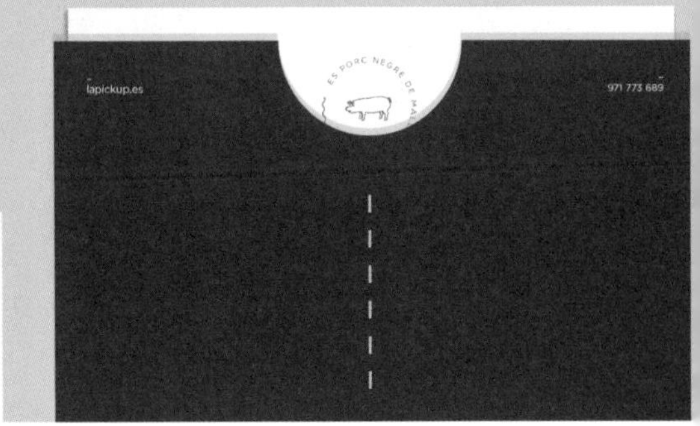
lapickup.es
971 773 689

Recipe

Mallorcan "porc negre" gyozas

1 packet of 50 gyoza wafers
1/4 cabbage
1 tsp salt
400 g of minced pork rib
1 clove garlic
4 Dried shitake mushrooms
1 tsp grated ginger
2 tsp soy sauce
1 tsp sesame oil
1/2 bunch of spring onion (sautéed)
1 pinch white pepper

Method:
In a hot pan with a little oil fry the sliced cabbage and finely diced spring onion, garlic and shitake mushroom (previously soaked in water). After a couple of minutes add the grated ginger, soy sauce and sesame oil to the vegetables and lightly sauté for another minute. Remove from heat and allow the excess moisture to evaporate using a colander. Allow to cool. Meanwhile place the meat in a bowl and season with salt and white pepper. Mix together all the ingredients and fill the gyoza wafers. You can find helpful videos on the internet explaining how to pinch and seal the gyozas to obtain a perfect shape.

They are then ready to grill, fry or cook in the oven as you wish… we like to serve them with a black pork broth and vegetables.

Gyozas de "porc negre" mallorquín

1 paquete de 50 obleas de gyoza
1/4 de col
1 cucharadita de sal
400 g de aguja de cerdo negro mallorquín picada
1 diente de ajo
4 unidades de shitake deshidratadas
1 cucharadita de jengibre rallado
2 cucharaditas de soja
1 cucharadita de aceite de sésamo
1/2 manojo de cebolletas (sofrito)
1 pizca de pimienta blanca

Elaboración:
En una sartén con un poco de aceite, saltea la col cortada en juliana con las cebolletas, el ajo y el shitake que previamente tienes que hidratar en agua. Después de 2 minutos de saltear la verdura ralla el jengibre por encima, échale la soja y el aceite de sésamo y déjalo sofreír un minuto más. Aparta del fuego y pon la verdura salteada sobre un colador para eliminar el exceso de líquido. Déjalo enfriar. Por otro lado, en un bol pon la carne de cerdo picada, añade la sal y la pimienta blanca. Mezcla todos los ingredientes y rellena las obleas. En internet descubrirás muchos videos que te explican el proceso de repulgue de las gyozas para que te queden bien selladas y con una bonita forma.

Disfrútalas como más te gusten, al vapor, a la plancha, fritas... Nosotros las acompañamos de un caldo de cerdo negro mallorquín y verduritas.

Awita
Taberna Ambulante

tapas with style

www.awitataberna.com
www.instagram.com/awitataberna
twitter.com/awitataberna

Roller Aloha 1986

At the Awita they take the best of the typical Andalusian taberna and transport it to wherever the customer requires. Good cheer made into food, cooked freshly and served with simplicity to perfection.
They offer the best of traditional Andalusian cuisine prepared with a contemporary twist using only the finest local produced ingredients.
Awita was created by Edu Per, a chef trained at the Luis Irizar School who learnt his trade at some of the best restaurants in the world (Arzak, Mugaritz, Aponiente, A Fuego Negro, etc) where he picked up not just the technical skills but the passion and discipline required to succeed in the business.
At Awita they design the perfect selection for each client, making extra effort to make them personally feel part of the process and ensure that every meal is a unique occasion. The food is kept simple, but every detail receives the utmost care and attention. They are equally at home preparing themed menus and barbecues or catering for events such as cocktail receptions, wine tastings or take away, etc. always providing something memorable at every occasion.

En Awita han sacado lo mejor de las tabernas andaluzas para llevarlo donde quiera el cliente. La alegría hecha comida, servida de forma sencilla y fresca.
Preparan los mejores platos de la tradición andaluza con nuevas formas de hacer respetuosas con los productos que les ofrecen los artesanos y productores de su entorno más cercano.
Awita nace de la mano de Edu Per, cocinero formado en la Escuela Luis Irizar y forjado en algunas de las mejores cocinas del mundo (Arzak, Mugaritz, Aponiente, A Fuego Negro, etc.) donde, a parte de recoger técnicas, aprendió a trabajar con rigor y pasión por el oficio.
En Awita diseñan un menú pensando en cada cliente, haciéndole partícipe del proceso, poniendo su esfuerzo en ofrecer menús lo más personalizados posible, para que cada evento sea único. Ofrecen elaboraciones sencillas, cuidando cada detalle. Entienden que cada evento es personalizado al gusto de cada uno, y por ello preparan mesas temáticas, barbacoas... así como distintos formatos de menús que encajan en cada evento (recenas, cóctel, maridajes, Good take-away, etc.) para poder ofrecer algo muy especial en cada ocasión.

Awita Taberna Ambulante

TABERNA
AWITA
AMBULANTE

Awita Taberna Ambulante

Recipe

Marinated scallops

with bitter orange and traditional Ajocaliente

12 good sized scallops, 60 cl mandarin juice,
the peel of 2 organic bitter oranges, 100 cl olive oil, 50 cl cider vinegar,
Jamaican pepper, 1kg of crusty brown bread (4 days old),
4 cloves garlic, 3 green peppers, 1 red pepper, 6 ripe tomatoes,
1L mineral water, sea salt,
350 cl of mild (Manzanilla) olive oil, radishes, mint, strands of chilli.

Preparation of the scallops:
Carefully clean the scallops and put aside with their filtered water. Reduce the vinegar together with the peppers, add the juice, the oil and the orange peel, cover with clingfilm and chill.
Sear the scallops in a hot non-stick pan for a few seconds and then add to the chilled marinade. Leave for 2 hours. Make a gelatin with the scallop water and xanthan gum using an 8g/L proportion. Put aside to cool.

Preparation of the *Ajocaliente*:
In a good quality clay bowl crush the garlic with a little salt, add the peppers and scalded peeled tomatoes, add half the bread in small pieces and mix all the ingredients together. Pour in oil and the rest of the bread and continue to mix for a further minute before adding the water from the tomatoes, stirring all the time. The *Ajocaliente* is ready as soon as the mix is firm enough to stand up a spoon or pestle. Cover with a cloth and a wooden cover and leave to stand for 10 min.

Presentation:
Lay the cleaned scallop shells on a bed of sea salt or ice, on each one place a spoonful of the *ajocaliente*, one scallop, a little marinade, thinly sliced radish, mint and a touch of chili.

Ostiones skabechados,

naranja amarga y Ajocaliente

12 Ostiones de buen tamaño, 60 g de zumo de mandarina, pieles de 2 naranjas amargas ecológicas, 100 g de aceite de oliva,
50 g de vinagre de manzana, Pimienta de Jamaica, 1kg de pan moreno de telera reposado (4 días), 4 dientes de ajo, 3 pimientos verdes, 1 pimiento rojo, 6 tomates muy maduros, 1L de agua mineral, Sal marina, 350 g de aceite de oliva variedad manzanilla (u otro aceite no muy amargo), Rabanitos, Hierbabuena, Filamentos de guindilla.

Elaboración Ostiones:
Limpiar cuidadosamente los ostiones y reservar junto a su agua filtrada. Reducir el vinagre a la mitad junto a la pimienta, añadir los zumos, el aceite y las pieles y dejar enfriar tapado con film.
Pasar los ostiones por una sartén antiadherente muy caliente durante unos segundos y meter en el escabeche frío. Reposar 2 horas. Hacer un gel con el agua de los ostiones y goma xantana a una relación de 8g/L. Reservar todo en frío.

Elaboración Ajocaliente:
En un *lebrillo* de barro de calidad empezar majando el ajo con un poco de sal, seguir con los pimientos, y luego los tomates escaldados sin piel, añadir la mitad del pan troceado y majar hasta tener una pasta más o menos homogénea. Ligar con el aceite, añadir el resto del pan y seguir trabajando 1 min. más. Ir añadiendo agua caliente de escaldar los tomates sin parar de mover. El Ajo estará en su punto cuando la maza de majar se sostenga en pie, tapar con una manta y una tapa de madera y reposar 10 min.

Emplatado:
Sobre un recipiente con sal marina o hielo colocar las conchas higienizadas de los ostiones, sobre ésta una cucharada de ajo, un ostión, un poco de escabeche ligado y acabamos con rabanitos en láminas, yemas de yerbabuena y unos filamentos de guindilla.

Sambarilove

Brazilian cuisine

facebook.com//foodtrucksambarilove
www.instagram.com/foodtrucksambarilove
twitter.com/foodtrucksamba1

Old German UPS, Citroën engine

Flavors of Brazil with Mediterranean products

Rodrigo Guimerà is a chef from Río de Janeiro, but his family is of Catalan origin, with years of experience in street food. He was the director of the Acaso RJ Food Truck Association. After working there for 3 years he decided to dedicate himself to street food in Spain a year ago. He spent 18 years in Rio de Janeiro organizing music, cultural and gastronomic events.

Combining the creativity of Brazilian cuisine with the quality of Mediterranean products, he works with a simple and tasty menu, offering fresh steak burgers with Aioli and stuffed Cheese Bread, served with refreshing Cava and Brazilian Guarana cocktails.

The menu also includes Brazilian specialities such as *Caldo de Feijoada, Baurú* (sandwich with sweet ham, tomato, egg and olive paste), mushrooms on toast and *Açaí Bowl*: an energizing Amazon fruit, served with banana and granola.

Rodrigo Guimerà es un cocinero de Río de Janeiro, cuya familia es de origen catalán, con una gran experiencia en Street Food. Fue director de la Asociación de Food Trucks Acaso RJ. Trabaja en esto desde hace 3 años y se dedica al Street Food de España desde hace 1 año. Organiza eventos desde hace 18 años de cultura, música y gastronomía en Río de Janeiro.

Mezclando la creatividad de la cocina Brasileira con la calidad de los productos del Mediterráneo, trabaja en un menú simple y sabroso, donde nos ofrece sus Hamburguesas de Picaña con Allioli, el Pan de Queso relleno y las refrescantes Cavas o el típico Guaraná de Brasil.

El menú también incluye Caldo de Feijoada, Baurú (un súper bikini con jamón dulce, tomate, huevo y olivada), Tostada de setas y Açaí Bowl: un fruto muy energético del Amazonas, con plátano y granola.

Page 74 top and this page: Photos by Rodrigo Vázquez (www.rodrigovazquez.net).
Rest of photos: Cidy Souza Photography.

BAR
SAMBAR LOVE
EXPERIMENTA EL BRASIL!

Sambarilove

Sambarilove

Recipe

Broth "Feijoada"

1 Kg black beans
150 g smoked ham
150 g smoked chorizo (calabresa)
Bay leaf, garlic, 1 orange, 1 shot of Cachaza liquor (50 ml)
150 g smoked bacon

Method:
Cook the black beans together with the meat, 3 bay leaves and two cloves of garlic for 2 hours on a low heat.
Sautéed:
Sautee bacon with chopped garlic, add 3 spoons of chopped beans, orange juice, cachaza and a pinch of salt.
Add this mix to the stew and cook for another 30 minutes.
Serve with chopped parsley.

A traditional Brazilian recipe, it goes back to colonial times when it was the staple food for slaves from Africa. Today it is popular family meal in Brazil.
We used to serve the traditional Feijoada con Samba at la Casa Rosa (Rio de Janeiro cultural center). They were great times and we would sometimes make up to 500 plates a day. We like to feel that we are sharing a memory of our city and our people with this particular dish.

Caldo de "Feijoada"

1 Kg de frijoles negros
150 gr de lomo ahumado
150 gr de chorizo ahumado (calabresa)
Laurel, ajo, 1 naranja, 1 dosis de cachaza (50 ml)
150 gr Beicon ahumado

Elaboración:
Cocinar los frijoles negros junto con la carne, 3 hojas de laurel y dos dientes de ajo durante 2 horas en fuego lento.
Sofrito:
Poner el beicon, tostar el ajo picado, añadir 3 cucharadas de frijoles negros picados, zumo de naranja y la cachaza, sal.
Añadir el sofrito al caldo, cocinar 30 minutos más.
Servir con perejil picado.

Es un plato tradicional de la cocina Brasileña. Tiene su origen en los tiempos de la colonia, donde era una receta de base de la alimentación de los esclavos de África. Hoy representa la comida del día a día de las familias Brasileñas.
Durante 10 años servíamos la tradicional Feijoada con Samba en la Casa Rosa (centro cultural de Rio de Janeiro). Eran tardes de mucha alegría y hacíamos más de 500 platos por día. Somos parte de la memoria gastronómica de nuestra ciudad y nuestra gente. Nos encanta compartirla con este plato.

Läufer Street Food

mediterranean cuisine

www.cateringlaufer.com
facebook.com/Laufer
www.tumblr.com/Laufer
twitter.com/Laufer

Red truck: Mercedes Vario 614 D
Restored caravans

NOURISH AND MOVE ON · STREET · ★ LÄUFER ★ · FOOD · GOURMET & AMERICAN STYLE

This is essentially a family team. They began business from the Orange Food-caravan, while the Red Food-Caravan was still undergoing preparation work.
The White Caravan came later, the cherry on the cake. They have now created three different styles suited to the various Food Truck locations where they operate (markets, concerts, private parties etc.) From their tiny kitchen they make all the burger patties and the homemade cannelloni along with the various relishes which need more preparation time as well as some of the bases for their tapas. Their butifarra sausage is supplied by an artisan butcher in the town of Vic, otherwise they prepare all the ingredients in the Food Trucks to ensure the product is as fresh as possible. All their suppliers are carefully selected and they take the utmost pride in every detail of their work, believing this to be the secret of their success.
Through their flexible and adventurous approach they aim to appeal to a wide customer base right across the spectrum, through a commitment to quality product and the freshest raw ingredients, picked and bought at the right time and in their natural environment. They serve Mediterranean cuisine with their own unique twist, offering gourmet burgers topped with a variety of homemade relishes; their signature crispy cannelloni and a whole range of other specialities.
In March last year they received **first prize for the Best Food Truck** in Spain at the Amstel Oro food awards held in Gijón.

Todo el equipo principal es familiar. Empezaron con la Caravan-food naranja, al tiempo que ya estaban trabajando en preparar la roja. Más tarde vino la Caravan blanca, la guinda del pastel. En todas ellas están todos sus productos, pero crearon tres estilos para poder adaptarse a los distintos ambientes de Food Trucks (markets, conciertos, fiestas privadas...) Elaboran en su pequeño obrador los discos de las burgers, los canelones de forma totalmente artesanal y también alguna de las compotas que precisan más tiempo de elaboración o algunas de las bases de las tapas. La butifarra se la proporciona una charcutería artesanal de Vic. El resto lo preparan en los Food Trucks para proporcionar el producto lo más fresco posible. Todos sus proveedores están seleccionados rigurosamente y son muy exigentes en su trabajo. Creen en lo que hacen y están orgullosos de su trabajo. Eso les hace avanzar.
Quieren llegar, con su versatilidad y espíritu aventurero a todos los públicos, apostando siempre por productos de calidad, partiendo desde su origen y recogiendo las materias primas en su momento justo y en su entorno natural. Presentan la Cocina Mediterránea con su estilo propio, apostando por unas *burgers gourmet* revestidas de diversidad de compotas; por unos canelones que salen de lo tradicional convirtiéndose en auténticos canelones crujientes... y mucho más.
En marzo del año pasado se les otorgó el **primer premio al Mejor Food Truck** de España, en el Campeonato que se realizó en Gijón de los premios Amstel Oro.

Läufer Street Food

Läufer Street Food

Recipe

Burger with Bacon Relish

Artisan buns
Burger
Sauces: Ketchup, Läufer special sauce, mustard and mango
Base: Lettuce, Tomato and crispy onion
Relish: Bacon, tomato, oregano, Cheddar, Edam, Parmesan

Preparation of the relish:
Grill the bacon for 30 seconds; add the diced and peeled tomatoes and a pinch of oregano. When the tomatoes are cooked add fine slices of Cheddar, Edam and Parmesan cheese and melt over a slow heat is mixed until obtaining a compact and homogeneous mass. Season with salt and pepper and remove from the heat. Once cooled, chop into a well blended mixture whilst retaining a relish texture.

Preparation of the burger:
Open the bun and spread a little ketchup and the base of lettuce, Läufer sauce, tomato and crispy onion.
Meanwhile grill the burger for 3 minutes on each side, and then cover with the bacon relish.
We also add a little mustard and mango as a final touch.

Burger con compota de bacon

Pan artesano
Burger
Salsas: ketchup, Läufer y mostaza y mango
Base: Lechuga, Tomate mate y cebolla crujiente
Compota: bacon, tomate, orégano, queso cheddar, queso Edam, Parmesano

Elaboración de la compota:
Salteamos el bacon durante unos 30 segundos, les añadimos los tomates pelados y cortados a dados pequeños y un poco de orégano. Cuando los tomates están ya cocidos le añadimos queso cheddar cortado a dados pequeños, queso edam y parmesano en laminas en la misma proporción y a fuego muy lento se mezcla hasta obtener una masa compacta y homogénea. Se sal pimienta y se retira del fuego. Una vez reposada se pasa por la picadora obteniendo una masa consistente pero no líquida.

Elaboración de la burger:
Abrimos el pan, ponemos un poco de ketchup, una base de lechuga, salsa läufer, tomate y cebolla crujiente.
Entre tanto pasamos el disco de burger por la plancha 3 minutos por ambos lados, finalmente se cubre con la compota de bacon.
Nosotros le añadimos también unas gotas de mostaza y mango como toque final.

Cafe Racer Food Truck

classic and creative pizzas

www.caferacerfoodtruck.es
facebook.com/caferacerft
instagram: caferacerft
twitter: @CafeRacerFoodT

Ford Transit 1996

CAFE RACER FOOD TRUCK
PIZZA + CREPES + PASTA

☞ *Freshly prepared homemade pizzas cooked in a wood oven*

Catering has long been a family tradition: Magda grew up in a small restaurant in the town of Peñíscola, and Jean Michel, of Italian origin, trained as a *pizzaiolo* with his uncle, the owner of a well established pizzeria in Marseille. They started out with a pizza takeaway business in Peñíscola, and after a few years, tired of being enclosed within four walls and working mainly for the mass tourist trade, they decided to take their freshly made pizzas out onto the street in a Food Truck equipped with a wood oven. Pizza is perhaps the Food Truck product par excellence, perfect for eating on the street or taking home. Pizza also offers an infinite range of possibilities, from the classic Margarita or 4 cheeses, to any number of more sophisticated and innovative recipes. After hunting around in France and Spain, they finally got hold of an old *churros* (fritter) vending truck, which they converted by installing a special wood oven imported from France. With their shared passion for 50's rock'n'roll and motorbike culture they decked out their new food truck in true retro rockabilly style and named it the "Café Racer" in homage to the Ace Cafe classic biker conventions originally popularized in the UK. Their travels on the road have taken them to street food events all around Spain, and they won the **prize for the best Food Tuck Product** in Gijon 2016 thanks to their pizzas.

Sus andares en la hostelería ya les viene por tradición familiar: Magda criada en su pequeño restaurante familiar en Peñíscola, y Jean Michel, de origen italiano, se formó como pizzaiolo con su tío, propietario de una conocida y reputada pizzería en Marsella. Primero abrieron una pizzería Take Away en Peñíscola. Pero tras unos años cansados de estar encerrados entre cuatro paredes y de la clientela de turismo masificado, decidieron trasladar a la calle sus pizzas hechas con masa fresca en un Food Truck con horno de leña. También porque la pizza es el producto Food Truck por excelencia, en un Street Food de pie en la calle o para llevar a casa. La pizza lo admite todo: desde una clásica Margarita o 4 quesos a recetas creativas e innovadoras más sofisticadas. Tras una larga búsqueda en Francia y España, cayó en sus manos una furgoneta-churrería, que personalizaron, adaptando el horno de leña apto para Food Truck importado desde Francia. Le dieron un look retro al puro estilo *rockabilly* fusionado con el mundo *biker*. De ahí el nombre "Café Racer", estilo de motociclismo popularizado en el Reino Unido en la década de 1950, que les permite combinar su amor por el mundo motero y rockero. Su trayectoria en el mundo Food Truck, les ha llevado a los principales eventos Street Food españoles, hasta llegar a obtener el **reconocimiento al mejor producto Food Trucks** en el campeonato nacional de Gijón 2016 gracias a sus pizzas.

Cafe Racer Food Truck

CAFE RACER
FOOD TRUCK
PIZZAS AL
HORNO DE LEÑA
CAFE RACER
FOOD TRUCK
PIZZA · CREPES · PASTA
BAR

Cafe Racer Food Truck

FOOD TRUCK

Porción

Cafe Racer Food Truck

Recipe

Pizza Normandía

Homemade dough base
Tomato
Emmental cheese
Magret de Canard
Apple
Caramelized onion
Camembert cheese
Cider reduction

Method:
Stretch the pizza dough to a 38/40 cm diameter (our balls of dough weigh around 400 g), using the fingers and leaving the edge slightly thicker. This can also be done with a roller. Spread the base with fresh pureed tomato and provençal herbs, leaving 1 or 2 cm around the edge. Add grated Emmental. Arrange the slices of Magret de Canard interspersed with slices of Apple and Camembert. Sprinkle with caramelized onion and finish with a little more Emmental, a dash of virgin olive oil, provençal herbs and black olives.
Cook pizza for 1 minute in the wood oven at 320°.
Finally dress with a little cider reduction.

Pizza Normandía

Base masa artesanal
Tomate
Queso Emmental
Magret de Canard
Manzana
Cebolla caramelizada
Queso Camembert
Reducción de Sidra

Elaboración:
Estiramos la masa de pizza a mano en un diámetro de 38/40 cm (nuestras bolas de masa pesan unos 400 g), utilizando las puntas de los dedos y dejando el borde más espeso. También se puede hacer con un rodillo. Extendemos el tomate triturado natural salpimentado y con hierbas de Provenza, sobre la masa, hasta dejar un margen de 1 o 2 cm del borde. Esparcimos el queso Emmental rallado. Disponemos las lonchas de Magret de Pato crudo intercaladas con las lonchas de Manzana y el Camembert. Por encima ponemos la cebolla caramelizada, y acabamos con un poco mas de Queso Emmental, un chorro de aceite de oliva virgen, Hierbas de Provenza y Aceitunas negras.
Horneamos la pizza 1 minuto en un horno de leña a 320°.
Una vez cocida, la aderezamos con la reducción de sidra.

Komo
To Loko

Japan food

www.komotoloko.com
facebook.com/KomoToLoko
www.instagram.com/KomoToLoko
twitter.com/KomoToLoko

Caravan Hergo mod. Impala 1990

Aleix Costart and María Campos are an adventurous couple, with a passion for Japanese culture going back many years.

Having acquired an in depth knowledge and experience working with the renowned Japanese *itamae* (master chef) Koichi Hisa San, they decided to embark on this new venture.

Theirs was the first Japanese Food Caravan in Catalonia, and their aim is travel around all the towns and cities that wish to try out their traditional Japanese cuisine. Some of their dishes are already well known, while others offer surprises very rarely encountered here.

In the Food Truck kitchen they work with products imported directly from Japan together with the best quality local ingredients, always bought from regional farmers and suppliers at a fair price.

In addition to attending food fairs and other events, the truck can be contracted for catering at private parties.

Aleix Costart y María Campos son una pareja aventurera, apasionados por la cultura japonesa desde hace muchos años.

Después de adquirir un gran conocimiento y mucha experiencia con un excelente *Itamae* (Chef Japonés), Koichi Hisa San, decidieron embarcarse en esta nueva aventura.

La suya es la primera Caravan Japan Food de Catalunya, y con ella quieren recorrer todos los pueblos y ciudades que deseen probar la cocina tradicional Japonesa que preparan, algunos son platos muy conocidos y otros sorprenden por su sabor, y sobretodo por que son muy difíciles de encontrar aquí.

En la cocina de su Food Truck trabajan con alimentos traídos directamente de Japón, mientras que los ingredientes propios de nuestro país están adquiridos siempre en comercio de proximidad, garantizando un pago justo a los agricultores y payeses de la zona, así como un producto de excelente calidad.

Además de estar presentes en ferias y eventos, se puede alquilar su Food Truck para fiestas privadas.

1. Tamago Don
2. Yaki Tori Don
3. Miso
4. Tori No KaraAge Don
5. Kome Shouga Tori
6. Ramen
7. Yakisoba

Komo to Loko
JAPAN FOOD

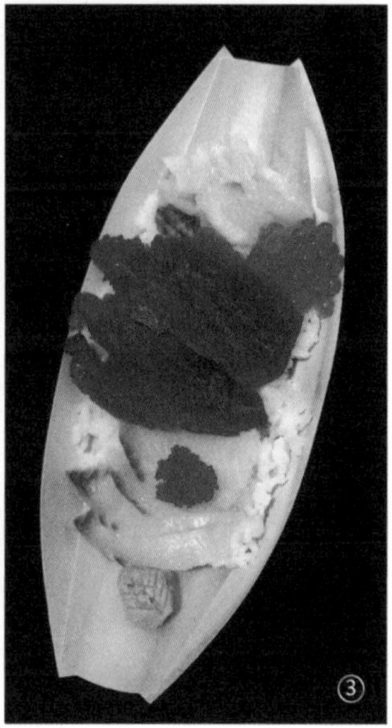

1. Gyozas
2. Kare Don
3. Chirashi Sushi

"This dish is traditionally made using Nori seaweed in the form of an edible cone. At Komo To Loko we have adapted the recipe for the comfort of our customers." (Aleix)

"Este plato tradicionalmente se hace usando el alga Nori en forma de cono comestible. En Komo To Loko hemos adaptado la receta a la comodidad de nuestros clientes." (Aleix)

Recipe

Temaki

Water: Glass and a quarter per person
Rice: 1 cup per person
Rice Vinegar (Sushi Su): 1 glass
Sugar: 4 tsp
Tuna to taste
Salmon (Shake) to taste
Salmon roe (Ikura) 1tsp
Cuttlefish (Ika) to taste
Octopus (Tako) to taste
Wasabi to taste
Pickled Ginger to taste
Toated White Sesame to taste
Avocado to taste
Nori Seaweed: 1 leaf

Method:
Prepare the sushi rice. Rinse the rice several times to eliminate the starch. Leave to soak for about 30 minutes. Use a rice steamer. Once the rice is cooked, remove from the steamer and spread on a tray. Pour over 1 cup of rice vinegar with 4 teaspoons of dissolved sugar. Mix well without breaking the rice and fan to cool faster and obtain a shine. Once the rice is cold introduce the desired amount into a wooden cone, add a pinch of sesame and position the chosen fish in a strict order: first the tuna, then the salmon, cuttlefish, octopus and lastly the salmon roe. Top with avocado or a leaf of red lettuce. Add wasabi and ginger to taste. Accompany with a drop of soy sauce and a few strips of Nori seaweed to decorate and add flavour.

Temaki

Agua: 1 vaso y cuarto por persona
Arroz: 1 vaso por persona
Vinagre de Arroz (Sushi Su): 1 vaso
Azúcar: 4 cucharaditas
Atún (Tuna) al gusto
Salmón (Shake) al gusto
Huevas de salmón (Ikura) 1 cucharadita
Sepia (Ika) al gusto
Pulpo (Tako) al gusto
Wasabi al gusto
Gengibre Rosa (Macerado) al gusto
Sésamo Blanco tostado al gusto
Aguacate al gusto
Alga Nori: 1 hoja

Elaboración:
Preparar el arroz de sushi. Lavar el arroz varias veces para eliminar el almidón. Dejarlo en agua reposando aprox. 30 minutos. Utilizar una cocedera de arroz. Una vez cocido el arroz, en caliente sacarlo de la cocedera y extenderlo en una bandeja. Tirar por encima 1 vaso de vinagre de arroz donde previamente hemos disuelto 4 cucharaditas de azúcar. Mezclar bien sin romper el arroz y abanicar para enfriarlo rápido y así obtendrá más brillo. Una vez frío el arroz introducir la cantidad deseada en un cono de hojuela de madera, añadir un puñadito de sésamo y colocar el pescado elegido al gusto y manteniendo cierto orden. Primero el atún, luego el salmón, la sepia, el pulpo y por ultimo las huevas de salmón. Colocar el Aguacate o en su defecto una hojita cortada de lechuga roja. El Gengibre y el Wasabi al gusto. Acompañar con un poco de soja por encima y unas tiras de alga Nori para decorar y dar sabor.

Pebre Negre

Mediterranean cuisine

facebook.com/pebrenegrefoodcaravan
www.instagram.com/pebre.negre
twitter.com/_pebrenegre

1980's Roller Caravan

Pebre Negre is an old Roller caravan from the 1980's, converted into a mobile kitchen. It is owned and operated by the couple Òscar Rueda and Anna Tomàs, and after standing abandoned in a field for years, it has been constantly on the road for the last two. Based in Maresme, the pair have driven the caravan all over Spain from Barcelona to Malaga, passing through Alicante, the Basque Country, Cantabria and Murcia. Instantly recognizable with its silver and black exterior, Pebre Negre was inspired by their desire to escape from the stress and routine of closed kitchens, become their own bosses and work and create together, without the need for a huge initial investment, and just do what they love most, which is to cook, try out new recipes and meet new people. Over these two years Òscar and Anna have participated in a whole range of Food Trucks events, including the Van Van Market, Palo Alto Market, Plateselector Food Tour, Rec.0 Experimental Stores, Acústica Figueres, etc.

Concentrating on a Mediterranean cuisine, which can be adapted to all catering occasions (particularly private parties where they design the menu according to the tastes of the client), they are particularly at home at street based events where their gourmet sandwiches and rolls are always a success, especially their signature calamari sandwich with tartar sauce and fresh spinach. That said, their *Pebre Negre Patatas Bravas*, served in a hollowed out bun with aioli, or the fantastic crispy chicken baguette with chopped aromatic spices and mustard and soy mayonnaise, or even the Pulled beef with a soy and balsamic reduction, crispy onion and fried rucula are all serious challengers for the title of house speciality.

Pebre Negre es una vieja Roller caravan, de los años 80, reformada como cocina ambulante. Los propietarios y pareja al frente de este proyecto, Òscar Rueda y Anna Tomàs, han recorrido, en dos años, todos esos kilómetros que no hizo estando parada en un viejo terreno durante años. Residentes en el Maresme, han llevado su caravana desde Barcelona a Málaga, pasando por Alicante, País Vasco, Cantabria, Murcia, etc.

Marcada por sus perfiles plateados y su color negro, Pebre Negre nació de las ganas de dejar el estrés y sacrificio de las cocinas cerradas, de trabajar y crear juntos, de las ganas de ser sus propios jefes sin hacer una gran inversión y con la posibilidad de hacer lo que más les gusta: cocinar, probar nuevas gastronomías y el contacto con la gente. Durante estos dos años Òscar y Anna han participado en diferentes eventos de Food Trucks, como los conocidos Van Van Market, Palo Alto Market Barcelona, Plateselector Food Tour, Rec.0 Experimental Stores, Acústica Figueres, y un largo etc.

Con una cocina muy mediterránea y adaptable a cualquier gastronomía (sobretodo en eventos privados, donde trabajan al gusto del cliente), nunca falta en sus eventos de calle, donde sirven bocadillos gourmet y platillos, su bocadillo estrella: el bocadillo de calamares con salsa tártara y espinacas frescas. Aunque sus Bravas al Pebre Negre, servidas dentro de un pan vacío con allioli, o el fantástico bocadillo de pollo crujiente con picada aromática y mayonesa de mostaza-soja e incluso el Pulled beef con reducción de soja y balsámico, cebolla crujiente y rúcula frita intentan quitarle el sito de "rey" de la casa al de calamares.

Pebre Negre

NO ES PERMET LA VENDA
NI EL SUBMINISTRAMENT DE
BEGUDES ALCOHÒLIQUES
DE CAP MENA A MENORS
DE 18 ANYS

Pebre Negre

Recipe

Calamari Sandwich
with tartar sauce and fresh spinach

Serves 5
1 whole fresh squid (800g), sunflower oil, salt, fresh spinach leaves, rustic style hamburger bun.
For the tartar sauce: 25g of gherkins, 50 g hardboiled egg, 25g capers, 5g chopped parsley, 50g chopped red onion, 200g de mayonnaise.
For the batter (*tempura*): one level tsp baking powder, 300cc mineral water, 200g flour.

Method:
Clean the squid and cut into fine rings (around 15-20 per squid). (Save the tentacles, we can use them later for another recipe). Put in the fridge.
For the batter (*tempura*): The secret of a good batter is for the squid to remain light but well cooked. Mix the flour and the baking powder in a bowl and slowly add the water, the colder the better. Mix with a blender ensuring there are no lumps and the finished batter has a smooth consistency, a bit like drinking yogurt. Put in the fridge.
For the tartar sauce: finely chop all the ingredients into a bowl, add the mayonnaise and mix well. We can always add more mayonnaise later, so proceed slowly. Put aside in the fridge.
Soak the squid (calamari) in the batter and then fry until golden in hot oil, dropping them in one at a time and cooking 5 or 6 at once depending on the size of the pan. Use plenty of oil to prevent the batter sticking on the bottom of the pan. Put to one side and prepare the buns with a layer of tartar sauce and a few spinach leaves. Add 5-6 calamari rings in each bun, a pinch of salt and a few extra drops of sauce on the top.

Bocadillo de Calamares
con salsa tártara y espinacas frescas

Para 5 personas
1 calamar fresco de unos 800 gr, aceite de freír o de girasol, sal, hojas de espinacas frescas, panecillo de hamburguesa rústico.
Para la salsa tártara: 25 gr de pepinillos, 50 gr de huevo duro, 25 gr de táparas, 5 gr de perejil, 50 gr de cebolla roja o de Figueras, 200 gr de mayonesa.
Para la tempura: Una cucharadita rasa de levadura Royal, 300 gr de agua mineral, 200 gr de harina.

Elaboración:
Limpiamos el calamar y lo cortamos en aros finos (salen unos 15-20 por calamar). No tirar las puntas, las podemos aprovechar para otra receta. Una vez listo, lo reservamos en la nevera.
Para la tempura: En la tempura reside el truco para que el calamar quede ligero pero bien frito. Mezclamos la harina y la levadura en un bol y vamos añadiendo agua poco a poco, cuanto más fría mejor. Con la ayuda de un batidor lo mezclamos todo, procurando que no queden grumos. Tiene que quedar una masa homogénea, de textura tipo yogur líquido. Reservamos en nevera.
Para la salsa tártara: Picamos todos los ingredientes en *brunoise* y los añadimos a un bol, luego agregamos la mayonesa y mezclamos bien. Siempre estamos a tiempo de añadir más mayonesa al gusto, así que recomendamos echarla despacio. Reservamos en nevera.
Para freír los calamares los mezclamos con la tempura y, en aceite bien caliente, los vamos introduciendo de UNO en UNO, 5-6 cada vez, depende de lo grande que sea la sartén o freidora. No os cortéis poniendo aceite, ya que lo ideal es sumergir el calamar hasta la mitad y esperar unos segundos para que la tempura reaccione y no se pegue al fondo. Una vez estén doraditos ya los podemos retirar y reservar para el montaje: abrimos el panecillo, en la parte de abajo ponemos una fina capa de salsa tártara y unas hojas de espinacas, luego los aros de calamar (unos 5-6), un punto de sal y unos toques de salsa por encima.

Balkan Burger

original burgers

www.balkanburger.co.za
facebook.com/BalkanBurgerBar
www.instagram.com/BalkanBurger
twitter.com/BalkanBurgerBar

1969 Bedford Short Body School Bus

☞ *Authentic ingredients. Inspiration from the Balkans*

Why do all hamburger look the same? Always round with a thick piece of ground beef drenched in ketchup and mayo making the bun soggy. Opportunity to redefine something as iconic as the hamburger was a good enough reason for Balkan Burger's founders to quit the corporate world and dedicate themselves to the noble cause.

Being passionate about their home cuisine in native Serbia, inspiration was drawn from simple, natural ingredients where open flame cooking, culinary creativity, harmony and storytelling is deeply entrenched in the region's gastronomy. These principles are encompassed in each Balkan Burger coupled with the unfamiliar shape, unique taste, quirky packaging and prepared from scratch in record time!

The design of the Balkan Burger food bus was inspired by a Serbian cult movie classic, "Who is singing over there?" in which a bus journey towards the capital turns surreal when at lunch time, the conductor and driver put on aprons and with a few simple props turn the bus into a food truck.

After a year of searching, a 1969 Bedford short body school bus abandoned in the Kalahari desert, 1000 miles from home base, was a match! The food truck hit the streets of Jo'burg and instantly become a hit which, coupled with their unique menu, elevated the brand and created a foundation to spread their message even further.

Today, Balkan Burger operates three trucks and is redefining not only the street food movement in Jo'burg but aims to disrupt the mobile catering and delivery industry worldwide!

¿Por qué todas las hamburguesas se ven iguales? Siempre redonda con un pedazo grueso de carne molida, con ketchup o mostaza. La oportunidad de redefinir algo tan emblemático como la hamburguesa era una razón suficiente para que los fundadores de Balkan Burger abandonaran el mundo empresarial y se dedicaran a la noble causa.

Siendo apasionados de su cocina Serbia natal, la inspiración se basó en ingredientes sencillos y naturales, donde la cocción con fuego, la creatividad culinaria, la armonía y la narración de historias están profundamente arraigadas en la gastronomía de la región. Estos principios están abarcados en cada Balkan Burger junto con la forma desconocida, sabor único, envoltura extravagante y ¡preparado en un tiempo récord!

El diseño de la Food Truck se inspiró en un clásico de la película de culto serbia, "Who is singing over there?", en el que un viaje en autobús hacia la capital se vuelve surrealista cuando a la hora del almuerzo, el conductor con unos delantales y unos simples accesorios convierten el autobús en una Food Truck. Después de un año de búsqueda, encontraron un autobús escolar de 1969 de Bedford abandonado en el desierto de Kalahari, a 1000 millas de su casa. La Food Truck llegó a las calles de Johannesburgo y al instante se convirtió en un éxito que, junto con su menú único, impulsó la marca. Hoy en día, Balkan Burger opera tres camiones, y está redefiniendo no sólo el movimiento de comida en la calle en Johannesburgo, sino que intenta irrumpir en la industria de la restauración móvil en todo el mundo.

"HANDS DOWN
THE BEST
IN JHB"

Page 98 bottom: photo by Tim Humle

MAINS

1/**ORIGINAL BALKAN** [AKA THE O.G]

2/**SIR BALKAN** [SIR MEANS CHEESE]

3/**THE VEG MASTER** [MEAT-FREE MEAL]

4/**STUFFED**WITH**STUFF** [HASH TAG IT]

5/BALKAN**ĆIĆI** [SERBIAN DELICACY]

***THE FIXINGS**

We do not overwhelm our burgers with on million fixings, we keep it super simple so you get to taste the artisan bread, AAA grade beef and our delicious home made sauce. Our burgers are served with tomato, onion, garden lettuce and a bit of shredded cabbage for the crunch

****HOMEMADE ROASTED RED PEPPER SAUCE**

We do NOT use ketchup or mayo, that stuff is super bad for you, it's full of saturated fats, processed sugars, sodium & preservatives. Instead, Balkan Burgers are served with your choice of either NOT HOT, MILD, or HOT home made roasted red pepper sauce. Yum

BABY BALKANS

OUR LATEST ADDITION TO THE FAMILY, BABY BALKANS ARE LIKE LITTLE POCKETS OF LOVE. THEY COME IN O.G. , SIR OR STUFFED WITH STUFF. THEY COME PAIRED OR ON A PLATTER. WITH A SIDE OR A SALAD. WHY NOT WITH A BROWNIE? THEY MAKE PERFECT STARTERS. SLIDERS, SECONDS, YOU CHOOSE...

MASON JAR STARTERS
DANA'S MEAN & GREEN
peas, broccoli, cucumber, red cabbage, olives, blueberries, feta with creamy dressing.
DANA'S SWEET & CORNY
red and yellow peppers, corn, strawberries, herb, boiled egg with reduced balsamic dressing.
CAPRESE D'ITALIANO
farfalle pasta, buffalo mozzarella, tomatoes, basil, home made pesto dressing.
NICK THE GREEK
cucumber, olives, tomatoes, Danish feta, mixed lettuce, Greek dressing.

DESSERTS
1/ SLICES
- Belgian dark chocolate short bread BROWNIE
- Nutella BROWNIES (no flour, made with pure hazel and coco)
- BAKLAVA with walnuts drizzled with honey & citrus syrup
- Caramel or American double choc BROWNIES
2/ JARS & CONTAINERS
- Naughty RED VELVET with brandy & mascarpone
- CARROT CAKE with walnuts & mascarpone
- True TIRAMISU made from scratch
- OREO CAKE with mint & caramel
- Coffee CHOC CAKE with caramel
3/ CUPCAKES
- Carrot with Mascarpone cream [BANTING]
- Chocolate with vanilla cream & Kit Kat
- Red velvet with Mascarpone cream
- Vanilla with butter cream
*We can also make killer cakes inspired by our home land. Ask us about our specialty cake offering.
**Psst! Wanna know a secret? Our deserts are made from scratch, like our granny use to make them, using real farm butter & milk. No pre mix here!

BALKAN BURGER

Balkan Burger

Recipe

Balkan Burger stuffed with Brie, Fig & Pršuta

Finest Brie cheese money can buy
Serbian Pršuta or Italian Prosciutto
Preserved figs
AAA grade beef mince burger patty
Sourdough burger bun
Roasted red pepper sauce

Method:

1. Flatten the mince for the burger using the palm of your hand to a pancake like size and thinkness.
2. Place the cheese, fig and pršuta in the middle.
3. Fold the pancake shaped mince in half and close the edges using a fork.
4. Throw on the grill for three minutes on each side.
5. Bun it with sauce and enjoy.

Hamburguesa de los Balcanes con Brie, Higos & Pršuta

Queso Brie refinado pero económico
Pršuta serbio o Prosciutto italiano
Higos en conserva
Carne picada de ternera de calidad AAA
Pan de masa madre para hamburguesas
Salsa de pimiento rojo asado

Elaboración:

1. Aplastar la carne picada con la palma de la mano hasta conseguir una hamburguesa del grosor y tamaño de un panqueque.
2. Coloque el queso, higos y pršuta en el centro.
3. Doblar la carne en forma de panqueque por la mitad y cerrar los bordes con ayuda de un tenedor.
4. Ponerla en la plancha y cocerla tres minutos por cada lado.
5. Colocarla en el pan con la salsa y disfrutar.

Canalla Urban Food

Mediterranean & Asian

facebook.com/canallaurbanfood
www.instagram.com/canallaurbanfood
twitter.com/Canallaurban

Caravan Wilk

CANALLA URBAN FOOD

David Ascaso, who after many years working in the best four and five star hotels, and some gastronomic restaurants, he heard of a booming phenomenon, and after doing a market study in different events and markets, he decided to set up his own business. He loved the idea of sharing his wild gastronomy wherever his Food Truck was, so after some inconveniences at the beginning (but that is a different chapter), he took the risk and got on the road.

The "Canalla" concept is a fusion of world flavors, especially Mediterranean and Asian.

David Ascaso, tras muchos años en la hostelería y restauración en hoteles de cuatro y cinco estrellas y restaurantes gastronómicos, decidió montar su propio negocio, le hablaron muy bien de un fenómeno que venía en auge y que no hacía falta pagar los elevadísimos traspasos que piden por los locales, y tras hacer un estudio de mercado en los diferentes eventos y markets, le acabó de seducir el poder ofrecer su gastronomía más canalla por donde fuera con su Food Caravan. Se tiró a la piscina tras algunos inconvenientes del principio, pero eso ya sería otro capítulo. Comenzó a rodar hace un año.

Su concepto "Canalla" es una fusión de sabores del mundo, primando la cocina mediterránea y asiática.

Canalla Urban Food

1. Butifarra Asiatica
2. Humus de Aguacate
3. Burrata

Canalla Urban Food

Recipe

Three Salmon Tartar

4 or 6 serves
1/4 fresh salmon, 1/4 marinated salmon, 1/4 smoked salmon, 2 shallots, 10 pickles, 2 capers, soybeans, perrins sauce, Japanese kimchee mayonnaise, sesame seeds, wakame seaweed salad (as a bed), avocado cream and salmon roe (to decorate) accompanied with seaweed crackers, and if not available, normal crackers will do.

Method:
Clean the salmon of any fish bones and skin, freeze 1/2 of salmon for at least 24/48h to destroy any type of parasites. Once the freezing process has been completed, let the salmon thaw in the refrigerator. Then marinate 1/2 of the salmon with soy, mirin, grated ginger, juice, grated lime and sesame oil (minimum 24 hours), and the other 1/2 leave in the refrigerator. After the maceration time, cut the fresh and marinated salmon into small cubes. Then add 1/4 of the smoked salmon cut, shallot, chopped gherkin in brunoise, and chopped caper, stir and add the sesame seeds, soy, perrins sauce, and finally the kimchee mayonnaise, until it gives us the desired consistency.

Presentation:
At the bottom of the plate add the wakame seaweed, fill in the tartar using a medium ring. Add the avocado sauce to decorate, and the salmon eggs along with the crackers.

Tartar Tres Salmones

Para 4 ó 6 personas
1/4 de salmón fresco, 1/4 de salmón marinado, 1/4 de salmón ahumado, 2 chalotas, 10 pepinillos, 2 c. de alcaparras, 2 cc. de soja, 2 cc de salsa Perrins, 3 c. mayonesa japonesa de Kimchee 2 cc. semillas de sésamo, ensalada de algas wakame (como cama), crema de aguacate y huevas de salmón (para decorar) acompañado de tostaditas de algas. Si no las encontráis con tostaditas normales.

Elaboración:
Limpiamos el salmón de espinas y piel, 1/2 de salmón lo congelamos mínimo 24/48h para destruir cualquier tipo de parásito, pasado el tiempo y descongelado en nevera, 1/2 lo marinamos con: soja, mirin, jengibre rallado, zumo y ralladura de lima y aceite de sésamo (mínimo 24h) y el otro 1/2 lo reservamos en nevera, transcurrido el tiempo de maceración, cortamos el salmón fresco y macerado a cubos pequeños, añadimos 1/4 de salmón ahumado cortado, la chalota y el pepinillo picado en brunoise y la alcaparra picada, lo removemos y añadimos las semillas de sésamo, la soja, la salsa de perrins a nuestro gusto y para terminar la mayonesa de Kimchee hasta que nos de la consistencia deseada.

Emplatado:
En el fondo del plato ponemos como cama las algas wakame, y metemos el tartar utilizando un aro mediano, para decorar ponemos la crema de aguacate y las huevas, lo acompañamos con unas tostaditas.

The Knickerbocker Ice Cream Company

artisan ice cream

www.knickerbocker.co.za
facebook.com/knickerbockericecream
twitter.com/knickerbockerSA

Trailer: Vosloo Rico 2350
Tuk Tuk: Piaggio APE Cargo

☞ Spectacular artisan made gelato with natural ingredients

The Knickerbocker Ice Cream Company is SA's first true pop-up ice cream parlour. Their main parlour is an impressive size, truly visually spectacular and serves a large selection of artisan made *gelato*, sorbet and ice cream which are all made from the finest of natural ingredients. They also have an ice cream tuk-tuk and a smaller gazebo style set up as well as a vintage ice cream cart, which are ideal for smaller occasions.
They are able to cater for large amounts of people serving traditional, high quality products and give them a real, old fashioned, ice cream parlour experience. They trade at festivals & events, private & corporate functions, local organic & country markets, office parks, weddings & residential estates.
They also have a fixed ice cream & pancake parlour in Broadacres Artisan Village, Fourways, where they also sell their *gelato* and sorbet in family sized tubs and they make baked speciality cakes and ice cream cakes to order.
Additionally, they offer a range of handmade gourmet ice creams in tubs (including their popular "grown-up" tubs) as well as traditional soft serve ice cream, frozen yoghurt, ice cream sundaes, waffles, pancakes, thick milkshakes, *dom pedros*, artisan ice-lollies and they cater for those that need dairy free or sugar free ice cream.

The Knickerbocker Ice Cream Company es la primera auténtica heladería móvil de Sudáfrica. La heladería principal tiene un tamaño impresionante, resulta visualmente espectacular y sirve una amplia selección de *gelato*, sorbetes y helados artesanos elaborados a partir de los ingredientes naturales más selectos. Además cuentan con un tuk-tuk de helados y una disposición de tipo gazebo más pequeña, así como con un carrito de helados *vintage*, ideales para ocasiones de menor envergadura. Tienen capacidad para servir productos tradicionales de alta calidad a un gran número de personas y ofrecerles una experiencia digna de una verdadera heladería antigua. Participan en festivales y eventos, actos privados y corporativos, mercados rurales y de productos orgánicos locales, centros de oficinas, bodas y zonas residenciales.
Además, cuentan con un establecimiento de helados y panqueques fijo en Broadacres Artisan Village, Fourways, donde también venden sus *gelatos* y sorbetes en envases de tamaño familiar y elaboran especialidades de repostería y tartas de helado por encargo.
Además, ofrecen una selección de helados *gourmet* artesanos en tarrina (incluyendo sus populares tarrinas "grown up" o "para adultos") y suaves helados tradicionales, yogur helado, *sundaes* de helado, gofres, panqueques, batidos, *dom pedros* y polos artesanos, teniendo también en cuenta a aquellos que buscan helado sin lactosa o sin azúcar.

The Knickerbocker Ice Cream Company

Old fashioned...
The
KNICKERBOCKER
Old fashioned...
The
KNICKERBOCKER
Ice Cream
the way it should be
FREE SPRINKLES
& SAUCES
"GROWN-UP" TUBS
· AMARULA
· JACK DANIELS
· LIMONCELLO
· KAHLUA COFFEE
· STRAWBERRY LIPS
· MALIBU
· NACHTMUSIK
· VAN DER HUM
· PONGRACZ
15 FLAVOURS
+ GELATO + SORBET
+ ICE CREAM
GIANT SUNDAES
SOFT SERVE
THICK SHAKES
SUGAR FREE TUBS
DAIRY FREE TUBS

Bacon & Banana
Waffle

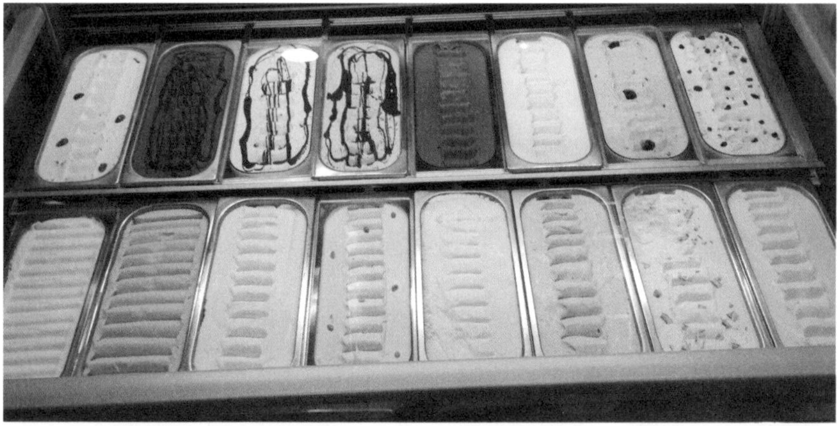

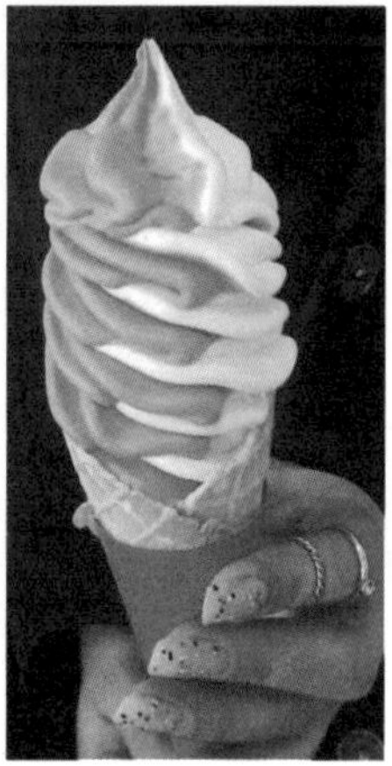

GELATO
SORBET
SOFT SERVE
THICK SHAKES

The Knickerbocker Ice cream Company is named after the UKs favourite ice cream sundae.

The Knickerbocker Ice Cream Company lleva el nombre del helado favorito del Reino Unido.

Knickerbocker Glory

Serves 6
450 g fresh raspberries
2 tablespoon icing sugar
1 ripe mango, peeled, stone removed, diced
150 g fresh strawberries
12 scoops Madagascan vanilla *gelato*
25 g sliced toasted almonds
Fresh whipped cream
Chocolate sauce
6 ripe cherries

Method:

1. For the raspberry *coulis*, measure 250g of the raspberries into a food processor, add the icing sugar and pulse until smooth.
2. Tip the raspberry purée into a sieve set over a bowl. Use a metal spoon to push the fruit pulp through the sieve. Discard the seeds.
3. Drizzle some raspberry *coulis* into each of the sundae glasses.
4. Divide half the diced mango between the sundae glasses.
5. Divide half the strawberries between the glasses, placing on top of the mango. Place one scoop of ice cream on top of each strawberry layer, drizzle over half the remaining raspberry coulis and half the whole raspberries. Repeat the layering again to use the remaining ingredients and top with the fresh whipped cream.
6. Finish off by sprinkling the sliced toasted almonds on top of the fresh whipped cream, adding a cherry to the top and a little chocolate sauce.

Knickerbocker Glory

Para 6 personas
450 g de frambuesas frescas
2 cucharadas soperas de azúcar glas
1 mango maduro, pelado, sin hueso, cortado en dados
150 g de fresas frescas
12 bolas de *gelato* de vainilla de Madagascar
25 g de almendras tostadas troceadas
Nata fresca montada
Sirope de chocolate
6 cerezas maduras

Elaboración:

1. Para el *coulis* de frambuesa, introducir 250 g de frambuesas en un robot de cocina, añadir el azúcar glas y trabajarlo hasta obtener una mezcla suave.
2. Verter el puré de frambuesa en un bol utilizando un colador. Utilizar una cuchara de metal para colar la pulpa de fruta. Desechar las pepitas.
3. Poner *coulis* de frambuesa en las copas destinadas al *sundae*.
4. Repartir los dados de mango entre las copas para *sundae*.
5. Repartir las fresas en las copas, colocándolas sobre el mango. Ponga una bola de helado sobre cada capa de fresas, echar la mitad del *coulis* de frambuesa restante y repartir las frambuesas enteras. Volver a hacer capas utilizando los ingredientes restantes y poner encima la nata fresca montada.
6. Para terminar, esparcir las almendras tostadas troceadas sobre la nata fresca montada y poner una cereza y un poco de sirope de chocolate en la parte superior.

Imbuzi Café

signature Dish - Blue Cheese Bok Burger

www.imbuzicafe.com
facebook.com/ImbuziCafe
twitter.com/imbuzicafe

Custom Trailer

Daniel and Lizelle de Wet, proud owners of Imbuzi Café work with the philosophy of preparing a good valued products to their clients. Imbuzi Café is a family owned Food truck, with their two sons (17 and 19 of age) assisting at all their functions.

In the middle of 2014 they began entertaining the notion of introducing chevon (French for goat meat) to the public via means of a pop-up stall at the Pioneer Museum's Boeremark. From January to July 2015 they embarked on a joint venture of running a free-range goat rearing feedlot providing carcasses to the likes of Meat World, SPAR and private individuals as well as continuing with sales at the Boeremark. However the margins were tight and after some deliberation they decided to climb the food value-chain and invested in a custom built food trailer. They stuck with what they knew best and where their passion lay, namely goats and thus named the food trailer IMBUZI Café. The word IMBUZI is the isiZulu word for goat and the pattern work on the trailer reflects the colourful Ndebele blankets. The goat head logo is a portrait of their first stud breeding buck and all these factors combined instilled a strong sense of being proudly South African and that they indeed offer a distinctive local taste with goat meat as one of their menu items. Their slogan it's simple: "Great ingredients make great food" emphasises their passion for fresh, vibrant, locally grown food and they strive to create an unique culinary experience for their valued customers by serving high quality, healthy food packed with flavour and made with love, always re-iterating the fact that they make good food, not fast food.

Daniel y Lizelle de Wet, orgullosos propietarios de Imbuzi Café trabajan movidos por la filosofía de preparar productos de calidad para sus clientes. Imbuzi Café es un Food Truck familiar en cuyas tareas colaboran sus dos hijos (de 17 y 19 años). En 2014 comenzaron a contemplar la idea de presentar el chevon (carne de cabra en francés) al público en un puesto temporal en el Boeremark del Pioneer Museum. Entre enero y julio de 2015 se embarcaron en un negocio conjunto dedicado a la dirección de una unidad de engorde de cabras en libertad, que suministraba a homólogos de Meat World, SPAR y clientes privados, mientras continuaban con la venta en el Boeremark. Pero los márgenes eran muy pequeños y tras cierta deliberación decidieron ascender en la cadena de valor alimenticia e invertir en un Food Trailer personalizado. Se aferraron a lo que mejor conocían, su pasión, es decir, las cabras, y llamaron a su Food Trailer Imbuzi Café. La palabra IMBUZI significa "cabra" en isiZulu y el patrón utilizado en el trailer refleja las coloridas telas Ndebele. El logotipo en forma de cabeza de cabra es un retrato de su primer semental y todos estos factores combinados infunden un sólido sentido de orgullosa pertenencia a Sudáfrica y de oferta de un distintivo sabor local con la carne de cabra como uno de los ingredientes de sus menús. Su eslogan se sencillo: "Great ingredients make great food" (Los buenos ingredientes hacen buena comida), enfatizando su pasión por los alimentos locales y frescos. Su objetivo es ofrecer a sus clientes una experiencia culinaria única sirviendo comida saludable y de gran calidad, llena de sabor y preparada con amor.

Live. Love. Eat Goat!
Slow
BRAAI
APPROVED
WELCOME
Imbuzi Café
A DISTINCTIVE LOCAL TASTE
IT'S SIMPLE!
GREAT INGREDIENTS
MAKE GREAT FOOD
TALK TO THE
HOOF

Imbuzi Café

1. Boerie Roll
2. Burrito
3. Double Ramkat Burger
4. Whiskey Glazed Blue Cheese Burger
5. Blueberry BBQ Brie Burger
6. Bacon & Cheese Burger

Imbuzi Café

Recipe

Boerbok fillet Satay with Chinese noodles

Serves 6
One packet (250g) of Chinese noodles
8 shallots or 2 small onions, finely chopped
2 garlic cloves, bruised
1 piece fresh ginger (2,5cm), finely chopped
1 chicken stock cube, crumbed
125 ml water
10 ml sauce

Sauce:
1 onion, finely chopped
1 garlic clove, bruised
5 ml satay sauce
10 ml dry sherry
5 ml curry powder
salt
30 ml soy sauce
2,5 ml sugar
fresh coriander for garnishing

Boerbok fillet satay:
500 gr. Boerbok fillet, cut into 5 mm slices
10 ml soy sauce
freshly ground black pepper
10 ml sesame oil + 5 ml cornflour + 30 ml water + 30 ml oil

Method:
Cook the noodles in a large saucepan in salt water for about 12 minutes until al denté. Drain and rinse under running cold water. Add the crumbed stock cube, water and soy sauce and heat until everything is warm through.
Prepare fillet:
Trim the fillet and cut into 5 mm slices. Use a rolling pin to flatten the slices, taking care not to break them. Place the meat slices in a mixing bowl and add the soy sauce, pepper to taste, sesame oil and mixed cornflour and water. Allow to stand for about 20 minutes. Heat oil in a wok and fry small quantities of meat over high heat until golden brown. Remove.
Sauce:
Using the same wok, fry the onion until soft. Add garlic. Mix satay sauce, sherry, curry powder and salt to taste. Add water, soy sauce and sugar, and stir into the onion mixture. Bring to boil and add the meat slices; heat through. Ladle everything onto the noodles. Garnish with fresh coriander leaves and serve immediately.

Solomillo de Boerbok Satay con fideos chinos

Para 6 personas
Un paquete de fideos chinos (250 g)
8 chalotas o 2 cebollas pequeñas, cortadas finas
2 dientes de ajo, machacados
1 pieza de jengibre fresco (2,5 cm), cortado fino
1 pastilla de caldo de pollo desmenuzada
125 ml de agua
10 ml de salsa

Salsa:
1 cebolla, cortada fina
1 diente de ajo, chafado
5 ml de salsa satay
10 ml de jerez seco
5 ml de curry en polvo
sal
30 ml de salsa de soja
2,5 ml de azúcar
cilantro fresco para aderezo

Solomillo de boerbok satay:
500 g de solomillo de Boerbok, cortado en rodajas de 5 mm
10 ml de salsa de soja, pimienta negra recién molida
10 ml de aceite de sésamo + 5 ml de harina de maíz + 30 ml de agua + 30 ml de aceite

Elaboración:
Cocer los fideos en una cazuela con agua y sal durante unos 12 min. hasta que estén *al dente*. Aclarar con agua fría. Añadir la pastilla de caldo desmenuzada, el agua y la salsa de soja y esperar a que la mezcla esté caliente.
Preparación del solomillo:
Cortar el solomillo en rodajas de 5 mm. Usar un rodillo para aplastar las rodajas, teniendo cuidado de no romperlas. Colocar las rodajas en carne en un bol y añadir la salsa de soja, pimienta al gusto, aceite de sésamo y harina de maíz mezclada con agua. Dejar reposar aproximadamente 20 minutos. Calentar aceite en un wok y freír pequeñas cantidades de carne a fuego fuerte hasta que las rodajas estén doradas. Retírelas del fuego.
Salsa:
Utilizando el mismo wok, freír la cebolla hasta que esté blanda. Añadir el ajo. Mezclar la salsa satay, el jerez, el curry en polvo y sal al gusto. Añadir agua, salsa de soja y azúcar, y mezclar todo con la cebolla. Hervir y añadir las rodajas de carne; dejar la mezcla en el fuego. Tirar todo sobre los fideos. Aliñar con hojas de cilantro fresco y servir el plato de inmediato.

Los Rambla

made frankfurts

facebook.com/foodtrucklosrambla
www.instagram.com/Los.Rambla

Trailer

Homemade "gourmet" Frankfurters

Los Rambla is a small Food Truck run by two brothers who began operations in September 2016, with the idea of offering an American diner experience in an urban street setting. The name of the food truck is a homage to their grandmother whose surname is Rambla.
The food truck was built in Sevilla, which is where they began the adventure and developed the dream for their business, which seemed like an exciting idea, of which they had no previous working experience. The street food world is unique, and a way of seeing the world and meeting new people.
They specialize in homemade "gourmet" frankfurters, originally their grandmother's idea. They serve seven different types of frankfurter, from the "Traditional" to the "Spicy" for the more adventurous palette. They also offer "White Bratwurst" made with milk and lemon aroma, as well as the classic Catalan "Butifarra" and their own "Rambla" with a fried potato batter.
They pride themselves on their customer service, which has enabled them to make a success of their passion for homemade sausages.
They travel around with the food truck throughout Alicante and the surrounding region.

Los Rambla es una pequeña Food Truck propiedad de dos hermanos que empezó a funcionar en septiembre del 2016, con el propósito que la gente pudiera disfrutar del ambiente urbano y del Dinner Americano. El nombre de su Food Truck es un homenaje a su abuelo materno, de apellido Rambla.
La Food Truck se construyó en Sevilla, y allí empezó su aventura, su sueño, su empresa... La idea de emprender este tipo de negocio les pareció una idea divertida, ya que nunca habían trabajado de esta forma. El mundo del Street Food es especial, es una forma de ver mundo y de conocer gente de todas partes.
Su especialidad son los famosos Frankfurts de elaboración propia, que fueron idea de su abuela. De ella salleron sus recetas ¡Por eso las llaman Gourmet! Tienen siete recetas diferentes de salchichas frankfurt, desde el "Tradicional" hasta el más "Picante" para los paladares más valientes. También la conocida "Bratwurst Blanca" elaborada con leche y aroma de limón, la clásica salchicha; con ese sabor a la "Botifarra Catalana", y entre otras, la especial "Rambla", rebozada de patata frita.
Se han propuesto ofrecer el mejor servicio a sus clientes, puesto que gracias a ellos pueden realizar lo que más les gusta: sus Frankfurts.
Están dispuestos a ir sobre ruedas por toda la provincia de Alicante y alrededores.

Los Rambla
• Frankfurt.... 3,50 €
• Pikanwurt.... 4,50 €
• Cervela.... 4,50 €
• Brastwurst.... Agotado €
• Pais.... 3,50 €
• Moruno.... 3,50 €
• Rambla.... 5,00 €
• Extras: Queso, 0,50
Cebolla Crujiente .... 0,50 €
Los Rambla
Frankfurt
EST. 2016

Los Rambla

Cervela

Frankfurt

Los Rambla

Recipe

Grilled Pikantwurst

100g of 100% pig's head meat
Hot spices
Cheese
Crispy onion
Secret ingredients

Method:
Place the sausage on a very hot grill. The high temperature contrast, and dry heat, concentrates the juices, toasting the sausage on the outside ending with a sweet caramelized flavour.
It is important to prick the sausages so they don't burst open.
Put the grilled sausage into the bun and add sauces to taste.
We prepare the meat ourselves and it is 100% gluten-free.

Pikantwurst a la plancha

100 gr de carne 100% de la cabeza de cerdo
Especies picantes
Queso
Cebolla crujiente
Ingredientes exclusivos

Elaboración:
Incorporamos la salchicha cuando la plancha está muy caliente. El fuerte contraste de temperatura, con el calor seco, hace que se concentre el jugo, que el exterior de la salchicha se tueste, y que termine de hacerse con el jugo que va soltando y a su vez se carameliza.
Es muy importante pinchar la salchicha para que no reviente.
Colocamos la salchicha en el interior de cada pan. Agregar cualquier salsa.
Las cárnicas son nuestras. No contiene gluten.